Papá, mamá, ¡dejadme tiempo para mí!

A pesar de haber puesto el máximo cuidado en la redacción de esta obra, el autor o el editor no pueden en modo alguno responsabilizarse por las informaciones (fórmulas, recetas, técnicas, etc.) vertidas en el texto. Se aconseja, en el caso de problemas específicos —a menudo únicos— de cada lector en particular, que se consulte con una persona cualificada para obtener las informaciones más completas, más exactas y lo más actualizadas posible. EDITORIAL DE VECCHI, S. A. U.

© Editorial De Vecchi, S. A. 2019
© [2019] Confidential Concepts International Ltd., Ireland
Subsidiary company of Confidential Concepts Inc, USA
ISBN: 978-1-64461-402-0

Etty Buzyn

Papá, mamá, ¡dejadme tiempo para mí!

dve
PUBLISHING

Para Agnès, Gaël, Émilie, Raphaël y Lucas.

*A mi padre, que me ayudó a valorar la independencia;
a mi amiga la Dra. Atessa Camus, que seguía
dándome ánimos en los últimos días de su vida.*

Agradecimientos

Quiero dar las gracias a todos los pacientes que me han ins-
pirado esta reflexión, y en especial a los que me han autori-
zado a evocar su problemática en este libro.

También quiero agradecer a Myriam Goldmann su apoyo
crítico y caluroso, y a Jacques Sédat, la ayuda aportada con
su erudición.

Índice

SEGUNDA PARTE. UN LUGAR PARA LA FANTASÍA

Introducción

Somos del mismo material del que están hechos los sueños.
WILLIAM SHAKESPEARE

En mi última visita a Françoise Dolto, un mes antes de su desaparición y consciente de que seguramente no la volvería a ver, le comenté lo preocupada que estaba por mi hijo, un joven adolescente, soñador y artista, que llevaba una escolaridad algo caótica.

Françoise Dolto, como de costumbre, me había escuchado con atención antes de interrumpirme bruscamente con aquella vivacidad que la caracterizaba: «¿Qué me está diciendo? ¿Que no es un hijo conforme a sus deseos? Pero ¿acaso se ha preguntado si usted corresponde a sus expectativas? Seguramente usted no es una madre ideal, pero ¿él intenta cambiarla? ¿Por qué quiere que renuncie a sí mismo? Él la acepta tal y como es; haga usted lo mismo. Este chico tiene unas capacidades que desarrollará si le deja tiempo para hacerlo».

13

Fue hace seis años, y fueron los últimos consejos que recibí de ella. No los he olvidado, sobre todo porque tenía razón. Así que tuve que elegir entre la aceptación sin convicción de un sistema educativo ampliamente coercitivo, así como la confianza intuitiva que tenía en el instinto de protección de mis hijos, esperando que sabría defenderlos de lo peor. Su escolaridad me pareció, al fin y al cabo, un auténtico campo de pruebas. Pero debo reconocer que su determinación en imponer su punto de vista nunca se debilitó, que, a su vez, era reforzada por mi reticencia legítima a delegar mis responsabilidades.

Esta experiencia personal, combinada con las múltiples observaciones de mi trabajo diario, es la causante de un cuestionamiento que me parecía importante compartir con otros padres. Como psicoterapeuta y psicoanalista, he tenido que seguir a niños que intentan resistirse como pueden a sus educadores, padres o maestros; son niños a los que se les exige mucho y demasiado pronto, según unas normas elitistas dictadas por intereses económicos y sociales que tienen alienados a los adultos. El hecho de ser consciente de esta alienación y de su consecuencia negativa en mis propios hijos es lo que me llevó progresivamente a redefinir mis prioridades en materia de educación para poder preguntarle al «niño que todos llevamos dentro».

No pretendo ofrecer aquí mis propias recetas; las numerosas guías, métodos y otras técnicas diversas orientadas a «construir» el hijo ideal —es decir, un niño adaptado a la sociedad moderna y a sus exigencias— cumplen

14

ampliamente esta función. Mi objetivo tampoco es crear una obra teórica, sino simplemente hacer una síntesis de mi experiencia clínica basada en las vivencias de algunos niños y confirmada por adolescentes y adultos.

La importancia de que conserven una disposición intuitiva a soñar es la parte central de esta reflexión. Pero quiero que se me entienda bien: no se trata de un intento de apología del niño dejado al libre albedrío sin reglas ni límites. Un niño así no tendría ninguna posibilidad de «construirse» ni de socializarse; sólo podría comportarse de un modo marginal.

Simplemente deseo ser la portavoz de la revuelta, a menudo patética, de estos *niños-resistentes*, a los que mediante su sufrimiento —insomnio, dolores abdominales o migrañas crónicas— intentan protestar y expresar su rechazo al sistema. De hecho, realizan esfuerzos desesperados para luchar contra las presiones múltiples ejercidas sobre ellos por parte de educadores que, pensando actuar en el interés de su progenitura, a menudo echan a perder sus potencialidades originales en beneficio de una recuperación que hará de ellos unos adultos estereotipados y generalmente poco creativos.

Tanto si se trata de los más pequeños, todavía muy dependientes de su madre, como de niños mayores sometidos a las obligaciones escolares, pasando por adolescentes confrontados a una elección temprana de sus estudios, todas estas fases de desarrollo remiten a una cuestión de fondo: cómo traducir el mensaje que muchos expresan en el intento, y a veces el encarnizamiento, de proteger lo que sienten como un bien inalienable, es decir, el derecho a soñar, a ser curiosos y a descubrir sus aspiraciones más personales.

Los niños de los que hablo, los que no se someten ciegamente a lo que los adultos desean imponerles, a veces incluso antes de tener los medios de protesta necesarios, me han parecido a lo largo de mi práctica los más interesantes y los más imaginativos. Son niños muy valiosos para el futuro de nuestra sociedad y para su capacidad de cambio.

Queda esa otra categoría de «niños modelo» que suelen fascinar a sus progenitores, los que han *aceptado* renunciar a su mundo interior para conformarse de entrada con los proyectos que estos últimos ya han formulado por ellos. Ciertamente, se adaptan a ellos, pero ¿a qué precio? Y ¿para convertirse en qué clase de adultos? En adultos angustiados que buscan ganar tiempo pero que no saben cómo *gestionarlo*, sólo lo rentabilizan, incluso en sus actividades de ocio. En pocas palabras, excelentes consumidores al servicio de nuestra sociedad moderna para la que las nociones de gestión y de rentabilidad constituyen todo un programa que remite constantemente al mito de la eficacia. El niño, por su parte, se defiende como puede, para proteger sus deseos y sus sueños frente a un adulto que le querría idéntico a él.

Por lo tanto, y sin pretender en ningún caso culpabilizar a los padres, que, con toda su buena fe, creen estar haciendo lo correcto, me parece necesario restituir la posición del niño y aquello a lo que puede aspirar. ¿Acaso la

16

creatividad de estos futuros adultos a los que habremos dejado *tiempo para soñar* no es la que permitirá a la sociedad abandonar el callejón sin salida actual y encontrar maneras de cambiar?

Debemos permitirnos urgentemente oír al niño nostálgico que tenemos dentro para poder hacerlo también con nuestros propios hijos. Porque «es algo que se experimenta a menudo, este abismo entre unos conocimientos sólidos, embalsamados en libros o en la moral, y el estado de ánimo aéreo de la vida que pasa. Podemos habernos instruido en todo y pasar el tiempo en la ignorancia absoluta de la vida. Los culpables no son los libros, sino la parsimonia de los deseos, la estrechez de los sueños».[1]

---

1. Christian Bobin, *Le huitieme jour de la semaine*, Lettres vives, 1986.

17

Primera parte

*Niños de los que se espera
demasiado*

1

El bebé es una persona

El «deseo», sello de calidad

Actualmente, la concepción de un hijo se programa y «se controla» —prácticamente se elige su fecha de nacimiento— y todo ello a menudo después de interminables preguntas por parte de una pareja que no duda en correr el riesgo de introducir en su vida este «elemento perturbador» que representa la llegada de un niño.

A estas dudas se añade el hecho de que estas ganas de tener un hijo se enmarcan en un contexto económico ineludible que determina demasiado a menudo la elección de las parejas. Así, actualmente, es inimaginable tener un hijo sin haber reunido ciertas condiciones materiales indispensables, cuestiones que varían según las personas, pero que suelen derivar de la estricta capacidad económica. En lugar de imaginar este extraordinario encuentro con su hijo, y estar así atentos a las emociones que suscita este nacimiento, los futuros padres se ven en la obligación de disponer prioritariamente de un entorno adecuado para recibirlo. ¿Qué decir de la inmensa y costosa panoplia de la puericultura en la que la mayoría de elementos son superfluos, de la preocupación que provoca la pausa laboral momentánea de la madre o de la búsqueda urgente de una solución para su cuidado, entre guarderías abarrotadas y asistentes desbordadas?

Todas estas preocupaciones de organización material ocultan a menudo una tendencia habitual en las mujeres embarazadas, que consiste en imaginarse a su futuro bebé y prepararse psicológicamente para recibirlo. Y este tiempo imaginario se acorta a medida que las ecografías se van sucediendo, para terminar de salpicar el embarazo y alterar esta parte de desconocimiento que debe conservarse y respetarse con relación al pudor legítimo de las madres.

La imagen ecográfica del embrión o del feto nos hace creer erróneamente que lo conocemos, hasta el punto de convertirse muchas veces en la primera foto del álbum. Pero esta visión es un engaño, porque el niño se constituye ante todo con los sueños de la madre con respecto a él, todo lo que ella pueda imaginar, proyectar, temer o esperar, los vínculos físicos que establece al principio cuando lo siente moverse, cuando lo acaricia a través de su vientre: todos estos vínculos de comunicación con el niño contribuyen a humanizarlo antes incluso de su nacimiento.

Y qué irritación se produce cuando la pareja, que al fin toma la decisión, espera un hijo que tarda en llegar, o qué decepción cuando la realidad del nacimiento altera la idea que los padres se habían hecho del mismo. Porque el niño, sujeto de pleno derecho, aporta con él una realidad a menudo distinta de la que los padres habían deseado, igual que el día a día siempre renovado pero repetitivo a la vez está lejos de ser un sueño y está lleno de obligaciones.

Después de haber controlado la concepción, los padres esperan naturalmente que este dominio se ejerza también sobre el propio niño. Se supone que el bebé, después de nacer, debe seguir respondiendo a sus deseos para interferir lo mínimo posible en su proyecto de vida.

Al haber sido *deseado* y haber nacido en el momento en que sus padres lo han decidido, su hijo debe ser un bebé *ideal*.

La libertad de elección adquirida por la pareja es considerable. Pero, sin querer venerar demasiado el pasado, no está claro que el «bebé deseado» actual sea mucho más fácil de integrar que el «bebé accidental» de antaño. Sabemos cuán compleja y ambivalente es, esencialmente, la noción de deseo. Muchas mujeres afirman haber tenido sentimientos mezclados durante el embarazo.

En la primera entrevista con los padres y su bebé, esta información primordial es la que me dan enseguida: el «ha sido deseado» aparece como un «sello de calidad» innegable que supuestamente debe tener el poder de hacer desaparecer cualquier dificultad en el nuevo contexto familiar.

23

En una ocasión, una joven vino a mi consulta por los trastornos de sueño de su hijo de ocho meses, cuyas exigencias la desbordaban. En la primera entrevista, expresó del modo siguiente sus dificultades: «Reflexionamos mucho antes de decidirnos a tener un hijo y pensamos que, una vez que hubiéramos tomado la decisión y que la organización material estuviera garantizada, todo sería fácil cuando naciera. Sin embargo, para nuestra enorme sorpresa, el hecho de haberlo programado no resolvió nada, y a fin de cuentas no estábamos más preparados para recibirlo que si su concepción se hubiera producido al margen de cualquier decisión. La realidad no tiene nada que ver con la idea que nos habíamos hecho. Nos sentimos desconcertados e incapaces de hacer frente a los cambios imprevisibles en la organización de nuestra vida que la presencia de nuestro hijo implica».

Este niño, al haber sido deseado, ¿qué más podía reivindicar? Todo estaba listo para recibirlo, ciertamente, pero faltaba lo fundamental: la capacidad imprescindible de adaptarse a sus necesidades, incluso a todos los imponderables que conllevan estas.

Si bien dejan clara la distancia existente entre el niño *imaginario* y el *niño real*, las palabras de esta joven van, a mi parecer, más lejos todavía: expresan el engaño que representa la gestión del nacimiento cuando perpetúa la ilusión de un control que puede ejercerse incluso sobre la propia vida del niño, para el que «todo se ha previsto». Entonces, ¿cómo este niño previamente condicionado puede permitirse soñar y explorar un imaginario que los propios padres no han tenido la oportunidad de sondear?

Mientras que, en el pasado reciente, los padres sólo esperaban de su bebé la satisfacción de sentirlo colmado física y afectivamente, en la actualidad la situación se ha invertido: si antes le prestaban toda su atención para entenderle lo mejor posible y adaptarse a él, ahora esperan paradójicamente que sea el niño el que tenga esta capacidad de adaptación al mundo que le rodea.

¿Una persona pequeña o mayor?

Desde que hemos avanzado en el conocimiento de las competencias del recién nacido, podemos felicitarnos de que ya nadie ponga en duda su derecho a ser un sujeto digno de respeto, ávido de comunicación, supuestamente capaz de poder asimilar el significado de nuestras palabras. Desgraciadamente, ahora se le obliga a entenderlo *todo*. Casi se ha convertido en una persona dotada de todos los atributos intelectuales de los adultos. Pero ¿no hemos corrido demasiado al propulsarle del estatus de «persona» al de «persona mayor»? Puesto que los bebés han demostrado tener competencias, ¿por qué tardar en explotarlas? Cuanto antes sean estimulados, más rápido evolucionarán y accederán a la autonomía, y así, al mismo tiempo, liberarán a los padres de una carga esclavizante.

La nueva moda de las invitaciones a acontecimientos importantes dice mucho: mientras que antes eran los padres los que notificaban el nacimiento del hijo, hoy en día es el propio niño quien lo anuncia, incluso en una hoja de libreta como si, recién nacido, ya supiera escribir. Este

ejemplo puede hacernos sonreír, pero no nos equivoquemos... Esta nueva forma de actuar forma parte de todo un
conjunto: la expresión inconsciente del deseo de los adultos de preparar a los niños desde su nacimiento a integrarse en un sistema cada vez más mercantil y basado en
la rentabilidad. En la misma tendencia, hoy en día ya no
se viste a los bebés como tales, sino como adultos: el ne-
gro y los vaqueros traen mejor augurio que los colores de
la canastilla para sumergirlos sin transición en este mundo que les espera.

Las consecuencias de estas prácticas, a priori inocen-
tes, no se miden. Determinan una pequeña infancia acor-
tada en beneficio de una adolescencia que se eterniza, ya
que el niño no puede renunciar posteriormente a lo que,
sin duda, le ha sido retirado demasiado pronto o se ha al-
terado: el apoyo del adulto. ¿Cómo hacer el duelo de algo
que no se ha vivido? Y ¿cómo puede aprender a respetar
a una autoridad no ejercida y que se pone al mismo nivel
que él?

> Damián viene a la consulta por iniciativa de su maestra, preo-
> cupada por su rechazo a acatar normas de la clase. Sólo acepta
> hacer lo que le conviene. Al límite de la provocación, intenta
> imponerse, pero ninguna negociación puede hacerle cambiar
> su postura.

Hijo único y tardío de una pareja de la cual representa
la preocupación central, a Damián se le exige mucho y se
le trata como a un adulto, al mismo nivel que sus padres.
Así, en el contestador automático, es él quien anuncia

26

que la familia no está. Al pronunciar el nombre de los tres, Damián, Pedro y Adela, mantiene una confusión acerca del sitio de cada uno. No es de extrañar, entonces, que considere que no debe recibir órdenes de nadie...

Podemos bromear acerca de lo que parece una anécdota, pero el camino que debe recorrerse en sentido inverso para que Damián recupere el sentido de la autoridad, única garantía de los placeres de la transgresión que también forma parte integrante de las fantasías de la infancia, es muy largo.

El exceso de palabras

> Si lo que tienes que decir no es más bello
> que el silencio, entonces no lo digas.
> PROVERBIO CHINO

Los niños, antiguamente considerados como simples tubos digestivos, impermeables a cualquier palabra, se encuentran actualmente empujados muy precozmente a un lugar de pequeño adulto susceptible de oírlo y de entenderlo todo, en contacto directo con la realidad y las preocupaciones que los padres proyectan sobre ellos de manera inconsciente. Los adultos, que ignoran que esta posición niega el derecho de los hijos a una vida afectiva e imaginaria propia de la pequeña infancia, se dirigen cada vez más a ellos de una forma racionalizante, que no les ahorra nada de verdad en su integralidad. «Comunicarse para revelarlo todo» parece ser la consigna educativa implícita actual.

> La Sra. S. viene a la consulta por su hija Diana, de dieciocho meses, que tiene insomnio. Cuando finalmente consigue dormirse, se despierta por la noche y exige la presencia de su madre.
>
> Lo que más sorprende en esta primera consulta es el lugar que otorga esta madre a su hija, a la que se dirige en todo momento, interrumpiendo nuestra conversación para ponerla como testigo, para explicarle cosas que no le incumben y que se hacen eternas. El juego de la niña y el hilo de nuestra conversación se ven, pues, interrumpidos.

La Sra. S. es una madre como muchas otras, sumergida en manuales varios donde se prodigan juiciosos consejos para «comunicarse con su hijo» o «estimularle» para «despertar su inteligencia». Se aplica concienzudamente en ello, hasta el punto de *atiborrar* literalmente a esta niña, que se esfuerza en asimilar como puede todo este caudal de información y que, saturada, termina mirando hacia otro lado. La madre describe la demanda insaciable de su hija, a la cual no hace más, según ella, que responder; algo que la satisface porque en su infancia ella no tuvo «derecho a expresarse». Por otro lado, las aptitudes de Diana son impresionantes, y su madre está muy orgullosa. Expresando toda su ambivalencia, confiesa, sin embargo, sentirse desbordada por esta niña gratificante, que se ha convertido en el centro de las preocupaciones de la pareja, que, desde su nacimiento, ha renunciado a su vida íntima.

¿Cómo reprocharle a una madre que haya dado prioridad al desarrollo de su hija? Sin embargo, parece que inocentemente ha terminado por confundir «interés» e «intrusión» por su actitud, como mínimo invasora con respecto a la niña. De hecho, la alimenta con palabras igual que lo hizo con leche en su nacimiento, y así recrea una especie de simbiosis que sitúa a Diana en la idea de que es imprescindible para su madre, tanto de día como de noche, en la medida en que sólo ella puede colmarla. El discurso desbordante de la madre, equivalente al cordón umbilical del que inconscientemente siente nostalgia, mantiene esta relación de fusión y hace que la autonomía de la niña sea difícil. Además, el exceso de información en que la sumerge durante el día mantiene a esta pequeña precoz en vigilia y provoca una excitación permanente con la que no sabe qué hacer, excepto compartirla de noche con su madre manteniéndola despierta.

Durante nuestras entrevistas, mi objetivo consistirá en sensibilizar progresivamente a esta madre acerca del hecho de que, si bien su hija se beneficia ciertamente de la relación intensa que las une, esta situación conlleva el riesgo de frenar el desarrollo psicoafectivo de la niña. De hecho, contrariamente a las convicciones de su madre, Diana es perfectamente capaz de prescindir de ella, como podré comprobar en algunas sesiones a solas. Y desde el momento en que ya no está en situación de tener que colmar las expectativas maternas, la pequeña se calma espontáneamente y disfruta mucho con los juegos de su edad sin preocuparse por hacerlo bien o mal. Por su tendencia a sobreestimular a su hija, esta madre se identificaba inconscientemente con ella para compensar la ausencia de comunicación en su propia infancia.

Es cierto que un niño precoz, que se expresa de forma correcta y parece asimilar fácilmente lo que le dice el adulto, suscita a menudo las ganas de ir más lejos. Sin embargo, es bueno dejarle tiempo también para ser un bebé, cuando en realidad, felices de verlo tan despierto, tendemos a sobreestimularlo.

El niño terapeuta

Jonathan es un niño de dos años que sus padres traen a la consulta por trastornos múltiples: dificultades para dormir, despertares frecuentes y fobias varias, como el rechazo absoluto a salir de casa. Jonathan también rehúsa cualquier alimento, hasta el punto de haber perdido ya dos kilos, y no deja de golpearse la cabeza contra el suelo, etc. Esta sintomatología múltiple hace que su estado parezca muy preocupante.

Durante las entrevistas con la madre, me entero de que su propia progenitora murió como consecuencia de una larga enfermedad. Jonathan tenía sólo algunos meses y, a partir de entonces, sus trastornos fueron apareciendo progresivamente en todos los ámbitos. Desde entonces, vive mucho en simbiosis con su madre. Esta confiesa que lo ha tomado por confidente y que comparte diariamente con él sus sentimientos de desesperación, ya que ella también estaba muy unida a su madre y es incapaz de superar su pérdida. Jonathan asiste pues a sus ataques de llanto, que ella no deja nunca de explicarle. Este niño parece no tener ningún momento de respiro: incluso cuando la madre se encuentra mejor, busca constantemente su presencia para inundarlo con un caudal de palabras ininterrumpido y hacerle participar en todo lo que hace. Jonathan se ha convertido simplemente en el «terapeuta» de su madre, a la que ayuda a vivir a expensas de su propia vitalidad. La anorexia de este pequeño puede interpretarse como la única solución que ha encontrado para expresar de forma simbólica el rechazo a las palabras maternas que tanto lo agobian.

Gracias a una psicoterapia madre-hijo, esta mujer toma poco a poco conciencia del ingrato papel que hace desempeñar a su hijo. Rápidamente acepta un trabajo analítico individual para resolver su dificultad de hacer el duelo por su madre, y Jonathan se va sintiendo progresivamente liberado de una carga que asumía hasta entonces a costa de su propio desarrollo. En cuanto al padre, puede recuperar un lugar del que había sido excluido, y se evidencia que su papel consiste en separar simbólicamente a la madre de su hijo. Jonathan abandona poco a poco todos sus síntomas para convertirse en un niño despreocupado y alegre. Su madre, por su parte, se da cuenta de que nunca pensó en su hijo como en un bebé, sino como en un adulto. No había establecido ningún límite en su relación, lo cual explica las defensas inadecuadas que Jonathan, mediante sus síntomas, intentaba instaurar sin éxito para protegerse de las palabras invasivas de su madre, ya que esta mujer pronunciaba en voz alta sus angustias, seguramente para liberarse de ellas, pero sin tener en cuenta qué era capaz de tolerar su hijo. De algún modo, el niño se había convertido en el exutorio de las angustias de sus padres: las de su madre, que las exteriorizaba demasiado, pero también las de su padre, totalmente excluido y que no decía nada... porque la violencia del silencio es como mínimo equivalente al abuso de palabras infringido sin matices; lo que no se dice puede resultar igual de nocivo que lo dicho en demasía.

La madre de Jonathan no tenía que ocultar la tristeza que le provocaba la muerte de su madre, pero quizás hubiera debido limitarse a decir a su hijo que *él no era responsable de esa situación*, como sienten a menudo los niños, incluso muy pequeños; que su papel no consistía en ayudarla porque ella tenía los medios para lograrlo sola; que le quería como antes, aunque necesitara algún tiempo para superar ese momento difícil.

Había cierta necesidad de una comunicación verdadera, es decir, matizada y relativa esencialmente a la posición del niño, según las capacidades psicoafectivas de su edad. Jonathan se habría sentido liberado de este papel de apoyo precoz que tan a menudo desempeñan los niños con relación a los adultos de los que dependen. Si tienen esta función de terapeutas es porque sienten intuitivamente que, si su progenitor deprimido se hundiera más, ellos también lo harían. La excesiva fragilidad del apoyo parental representa para ellos un riesgo vital; su única alternativa consiste en calmar, como pueden, la angustia del adulto. Pero, paradójicamente, para defender este instinto de vida, se ponen realmente en peligro. El hecho de que Jonathan cayera enfermo significa que superó sus propios límites, por eso sus síntomas equivalían a una llamada de socorro.

Palabras inadecuadas

El caso de Ana, cuyos síntomas no eran nada más que la expresión de una angustia reactiva, también es un buen ejemplo.

Esta niña de siete años es enviada a mi consulta por su pediatra debido a unos dolores abdominales manifestados recientemente sin ninguna razón orgánica aparente. Sus ataques, cada vez más frecuentes, le impiden llevar una vida normal, así como a su madre, que debe acudir varias veces a la escuela a recoger a la niña.

Al no haber aparecido nada significativo durante el cuestionario habitual acerca de la infancia de Ana, pregunto a la madre si está embarazada o si acaba de sufrir un aborto. La Sra. L. me responde que no y, al mismo tiempo, me informa de que está tomando anticonceptivos. Al decir esto, recuerda una escena con su hija que resulta estar cargada de significado: Ana había sorprendido varias veces seguidas a su madre tomándose la pastilla. Intrigada y preocupada, le había preguntado la razón de esta toma regular de medicamentos: ¿acaso estaba enferma?

Muy pendiente de su hija y preocupada por decirle «la verdad, toda la verdad», su madre le explicó que era una pastilla «para evitar quedarse embarazada», y le habló detalladamente de los diferentes métodos anticonceptivos y sus acciones.

Al recordar esta escena en el marco de nuestra entrevista, es consciente de haber ido quizá «demasiado lejos» en unas explicaciones seguramente prematuras para una niña de siete años.

Los dibujos de Ana confirman las imaginaciones muy angustiantes relacionadas con una información demasiado cruda, que, debido a su edad, no tenía forma de asimilar, información, sin embargo, susceptible de generar ansiedad y somatizaciones. ¡La pequeña se sentía como una superviviente de los anticonceptivos! Esta madre hubiera podido tranquilizar a su hija respecto a su estado de salud y, sin traicionar el respeto debido a la niña ni entrar en detalles, limitarse a explicarle que las mujeres pueden, con ayuda de un tratamiento, elegir el mejor momento para tener un bebé y que ya le contaría más cuando estuviera preparada para asumir esta información.

Frente a situaciones embarazosas, es posible salir del paso con más naturalidad. Recuerdo también a una niña de ocho años que pedía información acerca del sida y de cómo se propagaba la enfermedad. Su padre, que no quería eludir la pregunta pero tampoco deseaba poner fin al periodo llamado «de latencia», en que la sexualidad está en reposo antes de la pubertad, le dio un artículo de prensa muy bien redactado y le dijo: «Guarda este artículo y, cuando tengas necesidad, léelo. Entonces hablaremos del tema».

Tranquilizada por la confianza que su padre le demostraba, la hija guardó el papel en su cajón, abandonando momentáneamente el tema. Sabía que su pregunta había sido escuchada y que la comunicación estaba abierta. Al haber considerado el padre que el problema no tenía carácter de urgencia, su acción bastó para tranquilizarla.

El niño desahogador

En ocasiones, el deseo de los padres de prevenir un peligro potencial es tan prematuro que, actualmente, el hecho de decir la verdad se ha convertido casi en una obsesión. Pero en su deseo legítimo de no eludir su responsabilidad y de priorizar la verdad, los padres suelen ir más allá de lo que el niño espera realmente de ellos. «Decir» no significa necesariamente «decirlo todo», y el matiz es básico. Además, lo más importante no es tanto lo que se dice como la manera en que se hace.

Es el caso de Arturo, de tres años de edad, que viene a mi consulta porque tiene un comportamiento fóbico preocupante. Este niño nació después de una inseminación artificial, porque su padre pensaba que era estéril. Esta sospecha, sin embargo, quedó despejada dos años después con el nacimiento inesperado de un hermano pequeño. Durante la entrevista, me entero de que la madre

35

de Arturo le ha revelado su origen de un modo, a mi parecer, bastante crudo. Le dijo la verdad sin miramientos, es decir, «que había ido a buscar una semilla en otro lado para ponerla en su vientre porque su padre no tenía». Desde entonces, Arturo se ha vuelto asocial, cerrado, inaudible al hablar o, mejor dicho, al susurrar. Se tira por el suelo al salir de la escuela, a la que, además, se niega a ir, y cuando lo hace es para aislarse. Encerrado en unos monólogos interminables, no reacciona cuando alguien se dirige a él. Nada parece afectarlo, lo cual me parece muy preocupante.

Después de dos o tres sesiones sin mejoría en presencia de su madre, pido que Arturo venga acompañado por su padre. A su llegada, me sorprende la tensión entre ambos pero también su gran parecido. Después de todo —pienso— nada demuestra que su padre no sea su verdadero progenitor. Y enseguida saco el tema de su nacimiento pero con una nota afectiva, diciendo que el deseo del padre de tener un niño como él había sido predominante: «Tu papá necesitó ayuda para tenerte a ti porque no estaba seguro de que tendría al niño que imaginaba. Pero su deseo fue tan fuerte que tú correspondes exactamente al niño que deseaba tener. Además, es evidente, *porque te pareces mucho a él*».

Mientras le hablo, el pequeño abandona su juego solitario y va a acurrucarse sobre las rodillas de su padre, sobre el que se duerme de repente en un abandono total, en una especie de cuerpo a cuerpo *fusional*. ¿Por qué no extender este término específico de la relación madre-hijo a la del padre-hijo? «Esto no se había producido nunca antes —me confía sorprendido su padre—. A Arturo

36

siempre le ha horrorizado el contacto, incluso de pequeño lo rechazaba».

El padre abriga a su hijo sin despertarlo y se va con él a cuestas. Algunos días después, hablo con Arturo por teléfono y me cuenta con voz alborotada que ha plantado semillas, muchas semillas de manzanos y de perales, por toda la casa.

Contrariamente al efecto de la palabra, que supuestamente debe calmar al niño, un exceso de información, administrada sin miramientos, suele provocar la reacción inversa: una saturación generadora de angustia. El niño desahogador intenta entonces protegerse como puede de palabras cuya violencia no puede encauzar. Al no dominar el lenguaje, expresa su malestar e intenta expulsar sus angustias mediante su cuerpo y sus somatizaciones.

Por lo visto, la preocupación de Françoise Dolto de rehabilitar el estatus de los niños y el respeto debido a su persona es objeto de una interpretación tendenciosa, desviada de su significado inicial. Acaba demasiado a menudo sirviendo al interés de unos adultos que adoptan para con los niños una actitud sin matices y, a veces, caricaturesca. Este supuesto respeto hacia el niño le pone quizá más en peligro hoy que ayer, porque si antaño su fragilidad lo protegía, ahora se ve expuesto a una realidad que se le impone sin miramientos con el pretexto de que puede oír todo lo que esté relacionado con él. Tranquilizados por esta convicción y preocupados por ejercer una educación *pedagógica*, los padres utilizan esta coartada para imponerle unos cambios en su vida cuyos efectos no quieren medir.

A propósito del divorcio

Así, hoy en día, las parejas se separan sin dudarlo, tranquilizadas con la idea de que basta con explicar la nueva situación a los niños, incluso a los más pequeños, para que todo parezca más simple a sus ojos. Innegablemente, esta preocupación por informarles ya representa un progreso, pero, si bien los padres que han hecho el esfuerzo de decirlo *todo*, y especialmente *la verdad*, se sienten aliviados, no es necesariamente el caso de los niños, que manejan su afectividad con más dificultades que los adultos. Con ello, no niego en absoluto la necesidad de explicarles la realidad. Por eso mismo, se trata de no perder de vista las prioridades, que son cuidar su sensibilidad y tener en cuenta el hecho de que, si bien pueden entenderlo, no tienen necesariamente los medios necesarios para adaptarse sin esfuerzo a una situación nueva, inevitablemente desestabilizadora para ellos.

Por esa razón, no es de extrañar que algunos de estos niños, al crecer, tengan la desagradable sensación de que se les ha exigido mucho, sin ni siquiera tenerles en cuenta a la hora de tomar la decisión de separarse. Así, uno de ellos, expresando un día su amargura, confesaba haber tenido la sensación de que «la familia actual no es más que un par de calcetines que, cuando están usados, simplemente se tiran y se cambian por otros». Es el mismo sentimiento de inseguridad que revela la pregunta angustiada de un niño de seis años que, después del divorcio de sus padres y de la adaptación a una nueva configuración familiar, pregunta si «uno se puede divorciar varias veces».

Porque el hecho de que un niño haya oído «la verdad, toda la verdad» no significa que la haya asimilado, que esté preparado para sufrir sus consecuencias y el sufrimiento que desencadena. La aptitud, actualmente reconocida a los niños, de poder captar las palabras de los adultos parece haber tenido como consecuencia lamentable el hecho de haberles dispensado de cualquier cuestionamiento. Los niños, hoy en día, no tienen prácticamente el beneficio de la duda; están obligados a adaptarse espontáneamente al deseo de los padres, que, desculpabilizados por habérselo «explicado todo», también se sienten menos responsables.

Para una atención verdadera

En su aspiración de comunicarse con su hijo, allí donde normalmente bastarían unas respuestas simples y concisas, los adultos imponen paradójicamente explicaciones complejas e interminables que no tienen en cuenta su nivel de madurez. No escuchan realmente al niño para poder responder a sus preguntas de la forma más precisa posible. Sin embargo, el hecho de contestar demasiado deprisa consiste, normal e inconscientemente, en demostrar por parte del adulto su saber, pero también su poder sobre el niño. En cierto modo, también consiste en frenar su capacidad para formular hipótesis, ejercicio fructuoso que todo niño puede realizar si se le deja tiempo para hacerlo. Porque no todas las cuestiones planteadas por un niño exigen una respuesta inmediata y exhaustiva; de hecho, algunos niños no sienten el deseo de saberlo todo demasiado rápido, incluso aunque pregunten. Es el caso de una joven madre que me explicaba que, cuando su hija le hacía preguntas, se disponía enseguida a explicarle, pero la niña se defendía con firmeza con un «¡No quiero saberlo!». Y eso tanto con preguntas banales como con cuestiones esenciales acerca de la vida. Porque los niños prefieren a menudo conservar el máximo tiempo posible sus ilusiones y no desean necesariamente conocer unas verdades que les molestan. Es un derecho que debemos respetar más. ¿Acaso la facultad de los niños de olvidar casi inmediatamente una respuesta y plantear poco después una cuestión idéntica no es la prueba de que sobre todo se plantean las preguntas a sí mismos? Es decir, se produce una reacción legítima para protegerse de la intrusión abusiva del saber del adulto.

Los mayores, adelantándose demasiado a menudo a las preguntas del niño y superando ampliamente su demanda, le están exigiendo un esfuerzo al que no siempre está preparado por su edad y cuyos nefastos efectos son fácilmente identificables.

Se manifiesta cierto desequilibrio en los niños que, a su modo, expresan malestar mediante un amplio abanico de disfunciones orgánicas o comportamentales. Manteniendo el espejismo de adaptarse a la situación, el niño intenta inconscientemente protegerse de este exceso de datos (que a veces le cuesta mucho asimilar). A menudo, no le queda más alternativa que encerrarse en sí mismo, en un mundo interior del que sus padres están excluidos, e incluso a veces en un aislamiento sumamente peligroso para su equilibrio posterior.

Estos síntomas están generados por la actitud insistente de los padres, que presionan demasiado a sus hijos. Obnubilados por el mito de la eficacia, les piden que estén constantemente aprendiendo, pero esta exigencia tiene por efecto limitar su derecho a la fantasía y a la imaginación, derecho característico del desarrollo psicoafectivo del niño.

Antonio es un niño de siete años muy avanzado escolarmente, pero cuyos padres lo traen a mi consulta por problemas de comportamiento y trastornos del sueño. Antonio, el mayor de cuatro hermanos muy seguidos, tiene muchos celos de los pequeños. Los padres se muestran muy cercanos a sus hijos, a los que dan una prioridad absoluta. Sin embargo, Antonio reivindica siempre más atención, sin sentirse nunca totalmente colmado. Su demanda es incesante, y su madre confiesa que a veces tiene sentimientos de odio hacia el niño por acapararla hasta el punto de tener que dejar de lado a sus otros hijos. Lo mismo pasa por la noche, cuando Antonio exige la presencia de su padre o de su madre en el momento de dormirse, sin por ello dejar de despertarlos durante la noche. Es insaciable y tiránico desde todos los puntos de vista.

41

La madre, muy implicada en las cuestiones de su educación, me asegura que se documentó mucho antes y después del nacimiento de su hijo mayor. Siempre veló por explicar la motivación de todo lo que hacía a su hijo, para evitar cualquier ambigüedad y fantasía desconsideradas. Confiesa incluso su preocupación por «haber desatendido por descuido algunas palabras importantes de su hijo». Esta preocupación permanente es perceptible en el momento de nuestra entrevista: en cuanto Antonio se dirige a ella para preguntarle algo, la madre interrumpe nuestra conversación para responderle con una disponibilidad total cercana a la abnegación, lo cual conlleva el efecto de provocar en mí cierta impaciencia...

La actitud de Antonio con respecto a su madre, a la que reclama en todo momento, puede interpretarse como una comprobación incesante de su dominio sobre ella, que en realidad tiene. La disponibilidad materna no cesa nunca y enmascara una agresividad subyacente que se percibe en el tono controlado con el que se dirige a su hijo.

Me entero de que en la escuela, donde sigue siendo el primero de la clase, se aísla de los otros niños, con los que comparte pocos juegos. No se integra en ninguna parte, ni en los grupos de niños ni en los de adultos, en la medida en que estos no le dedican una atención equivalente a la de su madre. Este niño parece incapaz de adaptarse a un entorno que no reproduzca el marco familiar, tan adaptado a sus exigencias. En cierto modo, no ha adqui-

42

rido el código de comunicación con los demás que le permita ser autónomo, manteniendo al mismo tiempo el contacto mediante el juego o la palabra. En lugar de estimular un descubrimiento personal de lo que le rodea, sus padres, creyendo que actúan por su bien, lo han colmado demasiado pronto de conocimientos abstractos, animándole a desarrollar su capacidad de racionalizar, en detrimento de su exploración del mundo mediante sus propias vivencias. Siempre ha debido adaptarse a las exigencias de sus progenitores.

El yo de un niño se constituye progresivamente al ir experimentando los diversos sentimientos que encuentra en su relación de dependencia con los cuidados maternos y con los adultos que se ocupan de él. Necesita afrontar el mundo exterior para poder tomarle las medidas, a costa de frustraciones y decepciones inevitables. Entre sus primeras experiencias infantiles, habrá muchas que provocarán en él una agresividad y una angustia que deben encontrar el modo de expresarse. Si no es así, cuando la madre impide esta expresión, ya sea por indiferencia, ya sea por una atención excesiva, el niño no tiene otra solución que poner en marcha unos medios de defensa que le permitan no estar demasiado expuesto.

Bloqueado en su proceso de individualización, Antonio ha permanecido pegado a sus padres, y a su madre en particular, en una relación tranquilizadora ante lo que la realidad exterior puede tener de inquietante para un niño con un yo tan poco construido y tan poco autónomo. La madre de Antonio, muy pendiente de su hijo, siempre se ha anticipado a sus deseos, sin dejarle demasiado la posibilidad de expresar la frustración y la agresividad que le provoca. Antonio se ha visto incapaz de establecer unas defensas adaptadas a las exigencias del mundo exterior. Su único recurso ha consistido en quedarse fusionado con su madre en una relación de proximidad que es imposible que le decepcione. Evitando toda expresión de sentimientos agresivos, ni de su hijo ni de los suyos (porque es necesario reconocer la agresividad natural del niño cuando se resiste, pero también la que podemos sentir con respecto a él), esta madre ha contribuido a alejar de su relación cualquier tipo de prueba desagradable. Esta situación provoca una exageración de demandas de Antonio, para quien ningún placer puede conseguir colmar su espera, que no tolera ningún retraso.

El equilibrio que otorga un desarrollo psicoafectivo armónico es producto del intercambio emocional y de la «seguridad» que el niño puede encontrar en la experiencia compartida con sus seres cercanos, cuyo papel es imponerle límites. Este intercambio se convierte entonces en fuente de enriquecimiento y de estructuración, imprescindibles para abrirse al mundo y hacerle frente. Con la instauración de una comunicación verdadera, básicamente *impregnada de afecto*, es como puede instaurarse una comunicación auténtica entre el niño y el adulto: inteligencia y afectividad se desarrollan simultáneamente y resulta nefasto priorizar una en detrimento de la otra, co-

sa que suelen hacer los padres que desean ante todo tener un hijo competente.

Padres-profesores y bebés-sabios

Por ello, ¿nuestro papel no debe ser, básicamente, conservar el intercambio padre-hijo devolviéndole aquellas
preguntas que nos plantea para que encuentre él mismo,
tanteando, las respuestas adaptadas a su edad? ¿Es deseable anticipar el estadio de desarrollo en el que se encuentra, con el riesgo de embotar su curiosidad? El hecho de no decirlo todo «científicamente» no significa
que estemos mintiendo. ¿La poesía tiene menos valor que la palabra racionalizante, que sólo utiliza un registro del pensamiento cuando existen muchos otros
que dejamos de desarrollar?

No es necesario transmitir tempranamente las bases
de la verdad llamada científica, que a menudo genera
explicaciones a la vez largas y complejas, a veces demasiado crudas e inadaptadas a la edad del niño, que
tienen como consecuencias la saturación y el desánimo
de este en su intento de descodificar a su ritmo el mundo que le rodea. ¿Lo esencial no es reconocer y estimular su sentido de la observación, ayudándole al mismo
tiempo a verbalizar sus interrogantes y las emociones
que le procuran?

La comunicación con el niño consiste en explorar con
él un *abanico más amplio posible de sensaciones y de sen-*

timientos que le procuran sus propios descubrimientos y su relación entre sí. Sus observaciones y las preguntas que suscitan son las que relanzan su búsqueda personal y parecen ser las más aptas para hacerle progresar. Las soluciones y las explicaciones precipitadas tienen el inconveniente de colmar demasiado rápido su tendencia natural a la investigación. Significan animarle a ser pasivo y a estar sometido.

¿No debemos, ante todo, confiar en los hijos? ¿Acaso necesitan bases científicas para aprender a caminar, a jugar o a hablar? Ellos mismos encuentran el modo de hacerlo, de forma universal, por el simple hecho de estar integrados en un grupo social que apoya y fomenta su esfuerzo. La adquisición del lenguaje, que lo lleva a la simbolización y a la capacidad de abstracción, generalmente se efectúa gracias al *baño de palabras* que el niño descodifica poco a poco con una facilidad desconcertante (que todavía está por dilucidar, por otro lado). ¿Por qué no hacer lo mismo con la realidad en general?

Al fin y al cabo, el adulto debe *conformarse* con alentar al niño a seguir su evolución personal mediante sus descubrimientos, guiándole para limitar los riesgos que encontrará, en una especie de acompañamiento para «servirle» en «lo que le sucede sin pretender ser el maestro, sino sólo un intermediario entre el niño y lo invisible, nada más que un intermediario».[2]

---

2. Christian Bobin, *L'épuisement*, Éd. Le temps qu'il fait, 1994, p. 24.

46

Si dejamos que el niño se apoye en nuestra benevolencia y nuestra confianza, nadie duda de que hará gala de su audacia, y descubrirá progresivamente todas sus potencialidades y la comodidad que estas le confieren. De lo contrario, no hace más que recibir pasivamente una masa de informaciones abstractas que lo saturan, un *exceso de palabras* que frena su curiosidad y el desarrollo de su imaginación. Esto lo convierte en un *niño objeto*, sometido a un sistema al que sus padres son los primeros en servir.

El hecho de colmar exclusivamente a los niños de conocimientos académicos para hacer de ellos unos adultos eficaces, *armados* para el futuro, equivale a convertirlos en unos «niños esclavos», primero, del deseo de sus padres y, segundo, de una sociedad que preconiza la rentabilidad. Significa imponerles la frustración de la imaginación y del sueño, llevarles a un callejón sin salida, ya que no se trata tanto de enseñar un conocimiento como de compartir una «sensación» en un espacio padre-hijo renovado todos los días. Es deseable terminar con los *padres-profesores* que producen *bebés-sabios* atiborrados de información. Estas prácticas conllevan un peligro real: en la perspectiva de un éxito que se impone —cada vez antes— como el dogma absoluto de nuestra sociedad, los padres guiados por un deseo de estimulación a cualquier precio no hacen más que imponer su propia visión de las cosas al niño y corren el riesgo de desalentar sus iniciativas futuras.

Es el caso de una madre profesora de idiomas que se sorprendía de que su hijo tartamudeara cuando no había dejado de sobreestimularlo desde su primera infancia, informándole en todo momento del nombre de las cosas. Con dieciocho meses, el niño ya conocía todos los sonidos de los animales con un vocabulario sorprendentemente rico para su edad. Se había convertido para su madre en un hijo «ideal», hasta el día en que empezó a tartamudear. Con este síntoma, ¿no estaba intentando romper con el caudal de información incesante de sus padres?

Actualmente, vemos cómo los padres se ocupan de la enseñanza de sus hijos pero dejan de lado la educación impregnada de afectividad, el aprendizaje de la vida que supuestamente deben darles. Lectura precoz, talleres musicales..., todo vale para tener ocupados a los más pequeños y hacerlos competentes. Pero, paradójicamente, a base de anticipar sus posibilidades y de llevarlas demasiado lejos, su campo de exploración puede quedar limitado.

Resulta sorprendente escuchar a un padre que lleva a su hijo de cuatro meses a la guardería preguntar: «¿Qué van a enseñarle?». Cuando está entrando en preescolar ya nos preocupamos por el aprendizaje de la lectura y por la edad en la que terminará el bachillerato. Los libros abundan —*Leer con tres años*, *El despertar del niño...*— y sus títulos son, como poco, evocadores. Pero cuando todo es materia de estudio y de enseñanza, ¿qué lugar queda para la expresión libre del niño?

Lo esencial es, sin embargo, dejar que aprenda a observar y las asociaciones de ideas que se derivan de ello. Es el caso, por ejemplo, de un niño de dos años y medio que, durante un paseo en coche con sus padres, les preguntó de repente por qué el sol había desaparecido para dar paso a un chaparrón primaveral. Antes incluso de esperar su respuesta —seguramente porque le dejaron tiempo para que encontrara la suya— interpretó a su manera el fenómeno con cierto júbilo: «Ya lo sé —dijo—. ¡La lluvia ha apagado el sol!». De forma evidente, acababa de relacionar los poderes respectivos del agua y del fuego. Al haber comprendido sus características propias, las aplicaba intuitivamente a unos acontecimientos naturales. De hecho, si el agua tiene el poder de apagar el fuego, ¿por qué no puede hacer lo mismo la lluvia con el sol?

¿Qué interés hay en disuadirlo de su descubrimiento, de su intento de asociar ambos elementos para intentar conocer su significado? Sus padres se limitaron a felicitarlo por su descubrimiento, lleno de poesía.

2

El niño alienado

Si cerráis la puerta a todos los errores,
la verdad se quedará fuera.
RABINDRANATH TAGORE

La caída no es un fracaso; el fracaso consiste
en quedarnos allí donde hemos caído.
SÓCRATES

Jugar por jugar

Celina, de siete años, es hija única y tardía de una pareja que durante mucho tiempo esperó tener un hijo. Su llegada colmó realmente a sus padres. Celina, niña precoz e inteligente, con un rendimiento intelectual excepcional, presenta serios trastornos del sueño relacionados con una ansiedad excesiva con respecto a sus resultados escolares. Hasta ahora, siempre había respondido a las expectativas de sus padres y de sus maestros, que de repente se encuentran sumamente sorprendidos y desamparados por estos trastornos tan importantes como poco habituales. Pero no encuentran la solución.

Celina entra en una fase de anorexia preocupante. El mundo material ya no cuenta para ella. Seria y muy angustiada, sólo vive

51

en función de los plazos dictados por el boletín de notas. El resto de las cosas ha dejado de resultarle atractivo; no tiene ningún interés por los amigos y no cuenta con ninguna relación de amistad que rompa la gran cercanía con sus padres. Celina se limita a jugar siempre en su presencia, y su contacto con los demás se reduce a esta relación de dependencia con sus padres.

Para estos las actividades culturales siempre han tenido mucha importancia porque han querido darle a su hija el máximo de conocimientos. Sintiéndose de repente muy culpable, la madre se da cuenta de que nunca le ha importado la dimensión constructiva del juego libre y siempre ha elegido preferentemente actividades «educativas».

A medida que van pasando nuestras sesiones, intento reintroducir en el universo de Celina el juego por el juego, la actividad libre, en la que poco a poco encuentra un placer intenso, hasta el punto de que se lleva, a mis espaldas, la muñeca y el biberón que tengo en la caja de juguetes de mi despacho.

Sus padres asisten, completamente atónitos, a la *regresión* que está experimentando su hija: mediante la muñeca, está encontrando progresivamente el acceso a su imaginario de niña pequeña, aquel del que fue privada demasiado pronto.

Enseguida me entero de que Celina les ha prohibido a sus padres la entrada en su habitación, donde, lejos de su vigilancia, se dedica a construir su mundo personal. Con gran sorpresa para ellos, pide juguetes y deja momentáneamente de lado sus libros, apilados con indiferencia en un rincón. Durante esta espectacular regresión, que dura algunas semanas, Celina explora con éxito sus potencialidades creativas antes de retomar una vida más equilibrada, compartida entre el juego y el trabajo escolar, puesto que al final ocupa su lugar adecuado. Gracias al descubrimiento de un mundo interior nuevo e insospechado hasta entonces, al fin se siente capaz de jugar con otros niños durante el recreo y de disfrutar de la sensación de estar integrada en el grupo. Y, por primera vez, acepta ir a dormir a casa de una amiga, algo inconcebible para ella antes. En este momento, decido terminar nuestro trabajo conjunto, en la medida en que la siento confiada con respecto al mundo exterior y dispuesta a afrontarlo.

Celina pudo liberarse del dominio excesivo de sus padres y volverse autónoma al experimentar la libertad ofrecida por el juego. Un día incluso volvió a casa con cierto júbilo con una nota más que mediocre en su boletín de notas, señal a mi parecer de una mejor salud mental. Porque, confrontada a un fracaso relativo, se dio cuenta de que nada se desmoronaba en su familia y todo continuaba igual. Finalmente sintió la nueva sensación de ser como los demás y de poder ser aceptada por ellos.

Accediendo al juego imaginativo propio de la infancia es como el niño puede encontrar la manera de exteriorizar sus dificultades. Celina necesitaba liberarse de la ansiedad suscitada por el temor de decepcionar a sus padres si dejaba de ser la mejor de la clase.

Deseo de los padres, deseo del hijo

Es evidente cuán peligrosa es la amalgama inconsciente del deseo de los padres con el de su hijo, en la medida en que el de este último se ve descalificado y escamoteado en beneficio del de los padres, que el niño considera firmemente como suyo, aunque no sea así en absoluto. A menudo, el niño debe luchar con mucho empeño para liberarse de la influencia alienante —es decir, que intenta convertirle en «otro»— de sus padres. Pero el niño no está ahí ni para satisfacerlos ni para convertirse en su prolongación.

El niño, desde su más tierna edad, es un ser humano de pleno derecho que debe ir ganando confianza en sí mismo con sus propios medios, aunque les pese a los padres modelo que piden y solamente esperan una cosa: que su hijo satisfaga el proyecto que ellos han elaborado para él.

Matilde tiene ya quince años cuando viene a mi consulta por unos problemas de inhibición, en especial en sus relaciones con los adolescentes de su edad. Siente un malestar constante ante la idea de tener que comunicarse con los demás y dice estar paralizada por la angustia.

Es una chica bonita y una excelente alumna que nunca se queja por el trabajo escolar, una prioridad absoluta para ella. Además, confiesa sentirse diferente, incluso superior a los demás, debido a su éxito escolar, que tiene como efecto negativo el hecho de aislarla. Pero esto no quita que sea una destacada deportista, con buenos resultados en la competición; en otras palabras, es una niña «perfecta», a no ser por esta dificultad para integrarse en el grupo, del que se siente rechazada por estar tan distanciada. La vida de Matilde se ha convertido en un sufrimiento porque está llena de soledad, sin amigos, tanto en el marco de la escuela como fuera de ella. Además, el discurso de los adolescentes le parece frívolo e irrisorio. Desarmada frente a los demás, no tiene otra alternativa que encerrarse en sí misma. Todos sus torpes intentos para que la acepten fracasan, con una enorme decepción por su parte. Su carácter se ha vuelto amargo, y tiene la sensación de que «no le interesa a nadie». Por primera vez en su vida, expresa un desinterés progresivo por la escuela, y detecto en ella signos de depresión latente.

En nuestras entrevistas preliminares, su madre me describe a Matilde, en el pasado, como una niña particularmente dócil y gratificante, que nunca manifestó ninguna forma de oposición hacia ella o su marido (a menos que este intento hubiera sido abortado antes incluso de haberse podido expresar...). En cuanto a Matilde, recuerda la omnipresencia de sus padres, tanto en su trabajo como en sus juegos, siempre elegidos en función de su interés educativo. No se acuerda de haber jugado nunca con muñecas o a juegos imaginativos. Aunque muy acompañada, su infancia le parece más bien monótona y sin nada destacable. En este contexto austero, nunca tuvo ninguna experiencia lúdica espontánea: todas sus actividades estaban basadas esencialmente en los aprendizajes y se desarrollaban sin excepción bajo el control de sus padres. Confrontada a un mundo exclusivamente racional impuesto por sus progenitores, Matilde no recuerda haber tenido nunca la libertad de explorar el mundo imaginario.

Los niños suelen sufrir una influencia sutil, una especie de prohibición ejercida por ciertos padres, que consiste en hacerles renunciar tempranamente a una tendencia innata hacia el mundo mágico. En la medida en que este universo particular de la infancia escapa a su control, el adulto reprueba esta tendencia, ya que además está influido por el mito de la rentabilidad inherente a nuestra época. Así, algunos padres eliminan del universo de sus hijos cualquier actividad que no entre en el marco de una competición precoz, que les «prepare» o les «condene» a «triunfar».

En este tipo de familias, esta mentalidad se prolonga hasta la práctica de deportes que no son más que un pretexto para la competición, a costa de una angustia complementaria. El puro placer del juego se encuentra oculto en beneficio de una demostración del rendimiento o del interés que la práctica de este deporte representa para el futuro del niño.

Así, con motivo de unas vacaciones escolares, Matilde podía elegir entre un torneo de tenis, disciplina en la que destacaba, y un curso intensivo de vela, deporte de grupo que no había practicado antes y que la tentaba mucho. Sus padres lograron convencerla de los beneficios del torneo de tenis a pesar de la gran tensión que esta idea le generaba. Renunciando a su deseo en beneficio del de sus padres, participó, a regañadientes, en dicha competición, en la que se encontró —¿a alguien le sorprende?— en situación de fracaso y, además, tuvo que soportar las críticas culpabilizadoras de sus padres a la vuelta. Y añadiré que si estos estaban de acuerdo en que recibiera una ayuda psicoterapéutica era con la finalidad claramente expresada de que recuperara su eficacia escolar y deportiva, y no para permitirle acceder finalmente a la realización de sus deseos, que se encontraban ya bastante reprimidos, ni a su yo auténtico.

Estas renuncias son las que, poco a poco, fueron provocando en Matilde un síntoma depresivo materializado en sus bajos resultados intelectuales y deportivos. Matilde pagaba así el precio de su sumisión incondicional a la autoridad parental y a los proyectos predeterminados para ella.

Son evidentes las consecuencias que estas actitudes pueden acarrear: en perspectiva, la «muerte» del individuo potencial contenido en el niño. «La vida de todo hombre —escribe Herman Hesse— es un camino hacia sí mismo, el intento de un camino, el esbozo de un sendero. Nunca nadie ha conseguido ser por completo él mismo, aunque todos tendemos a serlo, unos en la oscuridad, otros con más luz, cada uno como puede.»

El niño-objeto

Para todo niño, el hecho de no poder expresar su oposición representa una forma de alienación de su yo, que hace de él un ser dócil, totalmente sometido al «adiestramiento» del que es objeto. Efectivamente, este niño es reducido al estado de objeto: no puede existir como sujeto si no se le respeta. Así, se encuentra desprovisto de su deseo hasta llegar a perder la noción del mismo, a no saber qué le gustaría. Este niño resignado deja inevitablemente en ello una parte de su dinamismo vital y la flexibilidad que confiere el tanteo propio de la experiencia individual. Y pagará un precio muy caro hasta la edad adulta.

Inés viene a la consulta por un síntoma depresivo latente: llora a menudo y se encierra cada vez más en sí misma. Además, está preocupada de forma obsesiva por la elección de los estudios que pronto deberá iniciar.

Sus gustos la inclinan hacia la expresión artística mientras que su familia la empuja a explotar sus capacidades matemáticas. Quieren que realice unas pruebas que abren las puertas de las grandes facultades de comercio, en lugar de dirigirse hacia las artes, camino «caótico» por excelencia. La lucha interna que sufre se salda con la victoria de su familia, es decir, la argumentación racional queda por encima de la expresión de su deseo profundo. Inés se inscribe sin desearlo en las clases preparatorias. Se abre entonces un periodo de pérdida de confianza en sí misma parecido a una verdadera neurosis de fracaso. Inés tiene muchos problemas durante las pruebas de selección y siente pánico hasta el punto de no poder terminar los exámenes.

Con ayuda de la psicoterapia, que sigue desde el último año de secundaria, toma conciencia de la ambivalencia de su situación. Se da cuenta de que su madre tuvo que resignarse desde muy joven a no seguir sus estudios cuando se casó. Inés nació muy pronto, seguida de tres hijos más, de modo que su madre no pudo, en ningún momento, plantearse retomar los estudios de magisterio. Su deseo de evitar que Inés siga una trayectoria idéntica a la suya está latente en el mensaje que dirige más o menos conscientemente a su hija.

Así pues, Inés se encuentra atrapada entre el deber de «reparar» lo que su madre no pudo realizar y su temor a triunfar y superarla, lo cual la hace sentir muy culpable.

En cuanto a transgredir el deseo materno al elegir el campo artístico, correspondiente a sus gustos profundos, le parece imposible porque decepcionaría demasiado las esperanzas que su madre ha fundado en ella. Una vez consciente de ello, Inés sale del punto muerto en que se encontraba y aprueba los exámenes, como una especie de victoria sobre sí misma, pero pagando el precio de un sacrificio considerable: la renuncia también a sí misma.

Sin embargo, algunos años más tarde, Inés vuelve a verme. Ha terminado satisfactoriamente sus estudios de comercio y se encuentra de nuevo muy deprimida, presa de un gran desasosiego. Con el diploma en el bolsillo, es incapaz de elegir un trabajo en el ámbito comercial, que de repente le parece radicalmente alejado de sus aspiraciones profundas. «El único trabajo en el que me imagino es en el baño de mi casa, por ejemplo, poniendo un mosaico de porcelana esmaltada. Esto es lo que me encantaría, ya que una carrera en el mundo de las finanzas

59

no me inspira en absoluto. Esta reticencia me bloquea en todos los pasos que doy para encontrar trabajo.»

No podía estar más de acuerdo con ella: si bien el análisis la ayudó en el pasado a superar su estado fóbico frente a los exámenes, el resultado no había sido muy satisfactorio.

Sus primeras angustias representaban la parte expresable de su rechazo inconsciente de acatar el deseo de su madre: triunfar allí donde ella había fracasado; pero no había hecho más que posponer la cuestión. Una vez conseguido el objetivo, el problema del futuro se volvía a plantear con mayor intensidad, y el éxito universitario de Inés no había resuelto en absoluto su división interna entre lo que su madre había proyectado en ella y su propio deseo reprimido. En numerosas ocasiones habíamos hablado de la posibilidad de que realizara su proyecto personal, pero su enorme culpabilidad hacia su madre siempre ganaba: Inés no había podido encontrar los «medios» de resistir a lo que le habían impuesto implícitamente. Hubiera necesitado disponer de tiempo suficiente para trabajar esta culpabilidad y dejar así su elección para más tarde.

Pero muchos adolescentes no gozan de este tiempo de maduración, obligados demasiado pronto a iniciar un camino que creen que es el suyo. Es una convicción a menudo ilusoria...

Se les arrebata la posibilidad de soñar en favor de un compromiso precipitado impuesto por la presión de la familia, unida a la de la sociedad.

Acerca de la libertad de elegir

Demasiado a menudo olvidamos cómo una elección de vida coherente, que compromete al individuo en su totalidad, exige cierta madurez y un conocimiento de uno mismo que no todos los adolescentes tienen, sobre todo cuando el deseo de sus padres no les permite explorar sus propias aspiraciones. Sólo algunos privilegiados, que sienten una pasión evidente por algún tema, esperan con impaciencia el momento de realizarse, siempre y cuando su inclinación guste a la familia.

> Un chico de quince años viene a mi consulta por unos problemas de desinterés escolar por un lado y de comportamiento por el otro. En clase hace lo mínimo, hasta el punto de que sus padres sospechan que actúa así para que lo echen del instituto. A ello se añade una actitud que roza la provocación y que los propios maestros no pueden soportar.

Juan, sin embargo, siente una gran pasión por los relojes. Durante nuestra entrevista, se va animando y se muestra incansable hablando de su afición. Se interesa por los relojes en todos sus aspectos: su historia, su procedencia, sus particularidades, su fabricación, su sitio en la historia del arte... Cuenta con un saber impresionante que no deja de enriquecer diariamente yendo a subastas donde compra según sus modestos medios, hasta el punto de poseer ya una colección nada despreciable. Juan se muestra tan animado cuando describe su interés por este ámbito particular que es difícil resistirse a tanta exaltación, poco

61

frecuente actualmente entre los adolescentes. El reloj representa para él todo un universo con el que ninguna asignatura escolar puede competir.

Sin embargo, Juan vive una sensación de frustración, porque tanto sus padres como el instituto le transmiten una imagen de persona incapaz. Esto parece totalmente absurdo, en la medida en que Juan se sitúa simplemente fuera de las normas habituales y de un universo escolar que obstaculiza sus proyectos y su entusiasmo. Si este adolescente fuera reconocido por sus singulares intereses, no se sentiría excluido. Muy a menudo, la situación de fracaso parece ser una noción inducida precozmente en los niños que no encajan en las normas habituales.

Durante nuestras entrevistas, me limito a *reconocer* su originalidad y a valorarla para que sus padres la admitan. Juan, reconfortado y motivado, vuelve a tener ganas de trabajar al saber que podrá inscribirse en una escuela especializada en este tipo de enseñanza. Su comportamiento en clase también cambia sensiblemente, en la medida en que este no era más que el resultado de cómo le consideraban los demás y de lo poco valorado que se sentía, hasta el punto de volverse agresivo.

La escuela de la norma

Muchos niños sienten la necesidad de ser valorados por su singularidad, que los hace distintos a los demás. Si la escuela pudiera ofrecerles un espacio propio donde ellos pudieran expresar libremente sus diferencias, estarían más motivados para perseverar en sus opciones, lo cual sería al mismo tiempo una fuente de enriquecimiento permanente para los demás. ¿Acaso el papel básico de los padres y de los educadores no es favorecer el afloramiento y la realización de la originalidad latente en todo niño?

Un profesor me contó una vez algo que me dejó perpleja. Recientemente incorporado en un prestigioso centro de formación y selección de futuros diplomados, me transmitía su consternación durante su primera reunión del consejo de evaluación. El tiempo dedicado a cada estudiante no superaba el minuto. Además, sólo se trataban los resultados, nunca la personalidad o las situaciones difíciles que podían explicar, en algunos alumnos reconocidos como buenos, un descenso momentáneo de su eficiencia intelectual. La evaluación caso por caso no tenía en cuenta ningún elemento de su vida personal, aparte de las notas, y reducía la imagen de esos adolescentes a la de individuos abandonados y robotizados. La guillotina caía sin apelación y sin que nadie se arriesgara a defenderlos, intervención que enseguida hubiera parecido sospechosa.

Si cada vez tenemos menos en cuenta las vivencias de cada uno y las transformaciones relacionadas con la adolescencia, ¿cómo sorprendernos de que, en un contexto como este, donde el afecto no ocupa ningún lugar, los alumnos sumergidos en un sistema tan alienante renuncien progresivamente a expresar cualquier emoción o cualquier asunto personal? No tienen otra alternativa que reprimir lo que sienten, a lo largo de todos sus estudios. Estos jóvenes, cuando accedan a cierto poder, sentirán la tentación de proyectar estos sentimientos mediante una serie de humillaciones a sus subordinados o a sus colegas de trabajo.

Muchos jóvenes temen el momento de tomar una decisión acerca de su futuro, situación que intentan eludir desesperadamente por estar obligados a renunciar a una parte esencial de sí mismos. Se encuentran en un momento de rechazo, al tener que dejar a un lado sus esperanzas y sus proyectos, y es entonces cuando vienen a menudo a nuestras consultas para preguntarse acerca del origen de las ansiedades que los inundan.

Actualmente, ni la etapa de preescolar escapa a los test estereotipados, en los que la evaluación de los niños se reduce a un número impresionante de preguntas sin ningún matiz. Son los famosos *cuadernos de evaluación*, impuestos estos últimos años por una Administración estancada repleta de docentes reticentes. Es una evaluación que tiene en cuenta sólo los resultados, sin hacer la más mínima referencia a la creatividad personal, que no aparece por ningún lado, porque no es el tipo de cualidades que forman parte de la tabla de evaluación habitual. En cambio, es más frecuente encontrar en el margen de los exámenes el comentario de «imaginación desbordante», como me han comentado algunos padres con estupor o desánimo.

Pero a veces también son estos últimos los que, desde preescolar, se indignan cuando sus hijos sólo «trabajan» veinte minutos al día y dedican todo el resto del tiempo a jugar. Eso cuando no es la maestra preocupada la que llama a los padres para decirles: «Hay que hacer algo; su hija sólo piensa en jugar...», como me contaron recientemente. O, peor aún, como aquella docente que llamó a los padres de un niño de cuatro años y medio para decirles sin miramientos que su hijo «estaba disociado». Algunos maestros deben evitar el uso de términos psicológicos cuyo alcance no conocen porque no dominan su significado. Así, la *disociación*, según el *Diccionario de psicología Larousse*, es una «ruptura de la armonía, una dislocación de la personalidad» o, también, según el *Manual de psiquiatría* de Henri Hey, una «disgregación de la vida psíquica característica en esquizofrénicos». Lo que justificaba un diagnóstico tan alarmante era el hecho de que los dibujos del niño todavían eran «poco elaborados», lo cual era motivo suficiente para que no pasara al curso siguiente y repitiera. Consciente de que su futuro escolar pendía de un hilo, el chiquillo decía en casa, con un tono desengañado y fatalista: «Soy un inútil, no hago nada bien...». En cambio, este niño vivo y sociable se expresaba con un vocabulario sorprendente para su edad, una facilidad y un humor irresistibles, tenía una gran agilidad física y una imaginación lúdica muy fértil, que a veces lo llevaba a estar, ciertamente, algo inquieto.

¿Cómo puede tolerarse que un niño de esta edad se sienta ya como una persona menospreciada? ¿Cómo pueden soportar los padres que se descalifique la personalidad de su hijo con el pretexto de que no encaja en *todos* los criterios de resultados definidos para una edad determinada? ¿Es imaginable, incluso deseable, que todos los niños funcionen de forma idéntica para encajar en las normas de nuestro sistema educativo? Sin embargo, sabemos que un niño no puede ser igual de competente en todos los ámbitos a la vez, que prioriza uno en un momento dado en detrimento de otro que desarrollará más adelante, cuando se sienta preparado para ese aprendizaje. Pero esto no se tiene en cuenta, y sólo es importante la referencia a la norma que supuestamente predice el futuro de un niño que apenas está empezando la escolaridad. ¿Para cuándo el test de nacimiento que determine el perfil del comportamiento y de las competencias futuras del recién nacido?

Cada vez parece más claro que la finalidad de la educación puede resumirse en el fomento de la expresión del deseo y de las capacidades propias de todo niño, y no en su represión en favor de normas educativas estereotipadas. Desgraciadamente, la escuela se concibe sólo para asignaturas «racionales», más cómodas de evaluar, sobre el modelo de las ciencias exactas.

De hecho, «si bien la escuela debe acoger a todos los niños, su modelo y su funcionamiento son terriblemente rígidos. El peso de la escritura, de la abstracción y del razonamiento conceptual, la sobrevaloración de las asignaturas serias y el desprecio por lo concreto, las acciones y las técnicas son unos valores implícitos, códigos y ritos que se transmiten con mucha eficacia.»[3] Un joven profesor de dibujo de secundaria, enfrentado un día al rechazo de un alumno a participar en su clase alegando que tenía que terminar un ejercicio de matemáticas, le preguntó: «En el futuro, ¿tendrás más ocasiones de utilizar tus conocimientos acerca de integrales o el dominio de las formas, los gustos y los colores, que te ayudarán a elegir tu ropa y decorar tu casa?».

Los niños se descubren a sí mismos

Nuestro sistema educativo sigue estando basado fundamentalmente en la instrucción, cuyo efecto perverso consiste en «cortocircuitar» el tiempo de maduración necesario para que todo niño evolucione a su ritmo. Allí donde la escuela debe preocuparse por dejar que los niños expresen libremente su especificidad, el sistema obliga a esa misma institución a eludir su papel principal, facilitar que los pequeños se descubran a sí mismos.

¿Por qué los padres creen, con frecuencia, que resulta inútil felicitar a su hijo por unos buenos resultados en las actividades artísticas o deportivas cuando sí lo hacen con las asignaturas llamadas «principales»? ¿Por qué un niño con talento creativo se encuentra desfavorecido en comparación con los demás? «Sólo saca buenas notas

3. J. F. Videt, «¿Qu'est-ce qu'un pédagogue suffisamment bon?» en *Le Journal des Psychologues*, diciembre 1994-enero 1995.

en dibujo o en música o en poesía», declaran los padres a su pesar. Se impone una constatación: la inteligencia de la sensibilidad se ha convertido en algo accesorio, incluso inútil.

Cada vez más, muchos adultos intentan compensar las frustraciones impuestas por su vida profesional o personal participando en actividades creativas diversas mientras que, paradójicamente, en su papel de padres, no animan a sus hijos a realizar esas mismas tareas en la escuela. Hay pocos padres que prefieran el dibujo, la música o el deporte a la gramática, las matemáticas o las ciencias. Sin embargo, estas disciplinas suponen un recurso inestimable para el futuro del niño. La imaginación y el cuerpo, desgraciadamente, siguen siendo los parientes pobres de la educación.

Sin embargo, debemos alegrarnos por una nueva tendencia: la gente de letras está mejor considerada en el «mercado» laboral y en las universidades de prestigio. Esta diversificación de los estudiantes, si fuera efectiva, debería ser portadora de intercambios y de enriquecimiento para todos. Esperemos que la escuela también opte por revalorizar esta expresión de la inteligencia dejada de lado durante demasiado tiempo.

La exploración personal

La escolarización ya no tiene como principal objetivo abrir al niño al mundo cultural y al conocimiento de sí mismo y de los demás, sino permitirle la adquisición de un diploma como prueba de rentabilidad de dicho proceso, un título sin embargo muy frágil en un mercado laboral en plena recesión. Así, por temor al desempleo, los adolescentes se ven obligados actualmente a realizar unos estudios que no corresponden realmente a su elección, ya que esas mismas opciones no ofrecen la seguridad que garantizaban antaño. En esta situación, no podemos sorprendernos de que algunos adolescentes se sientan doblemente traicionados por un sistema perverso, que impone sus dictados en nombre de promesas que después no tiene los medios de cumplir.

Los «superdiplomados», generalmente, han hecho gala de una sobreadaptación al sistema, al que se someten cerrando bajo llave la más mínima tentación de dejarse ir, obnubilados por un único objetivo: acumular el máximo de saber posible para demostrar que forman parte de la elite. Pero su debilidad se manifiesta sin hacer ruido cuando pierden este primer puesto y no tienen otra alternativa, para subsanar la inesperada sensación de menosprecio, que deprimirse. Seguramente han renunciado demasiado pronto al placer del juego y a la capacidad de fantasear, y así han quedado privados de unos recursos inestimables que les hubieran permitido defenderse frente a la decepción y la angustia cuando el éxito desaparece. *Porque el imaginario es una fuerza en la vida. Gracias a ese recurso podemos adaptarnos, innovar, crear, inventar, frente a una situación desconocida... en una especie de creatividad vital permanente.* Estos jóvenes, al haber dejado la imaginación demasiado de lado, son incapaces después de hacer frente a las dificultades.

Si bien algunos niños bien dotados y especialmente equilibrados se adaptan fácilmente al sistema (un sistema que se supone válido para la mayoría, pero que, de hecho, sólo es eficaz para el 30 % de los alumnos),[4] otros pagan finalmente muy cara su sumisión, hasta poner en juego su vida. ¿Cuántos éxitos aparentemente envidiables se han saldado con un intento de suicidio cuando se ha tenido que dejar la seguridad de los estudios para afrontar una realidad con obstáculos insospechados? El tener una inteligencia escolar no significa que se haya adquirido la inteligencia de la vida, ni las defensas necesarias para afrontar sus avatares.

El hecho de imponer demasiado rápidamente al adolescente la elección entre una vida u otra equivale a hacerle renunciar de forma precoz a múltiples potencialidades que este sacrifica en beneficio de un éxito que no es necesariamente sinónimo de felicidad. Después de haber empleado toda su energía en la carrera hacia el diploma, valorado por la familia y la sociedad en general, dejará de cuestionarse y limitará su campo de exploración a aquello que pueda servir a sus objetivos. Cuando toda una vida parece apenas insuficiente para conocerse, a los adolescentes se les exige que se decidan muy pronto con respecto a su futuro y que renuncien a las múltiples posibilidades que existen en ellos, las cuales

---

4. *Cf.* J. F. Videt, *op. cit.*

no tienen derecho a conocer. En nuestro sistema educativo, se ven forzados a iniciar una vía cuando todavía no han adquirido los elementos necesarios para tener convicciones personales. Así, se ven obligados a suscribir unas opciones inducidas, inconscientemente, por sus padres y se encuentran atrapados en un deseo que muy a menudo consideran como propio.

Basada en la transmisión imperativa de los conocimientos académicos, la educación se lleva a cabo en detrimento de la exploración personal, que, a su vez, parece levantar sospechas. ¿Acaso es porque puede introducir la duda y la protesta en la mente del niño, y frenar así el pleno ejercicio de la autoridad del adulto primero y de la sociedad después? Un niño «conformado» —es decir, bien adaptado a las normas que se le imponen— no se aventurará a expresar sentimientos ambivalentes, o agresivos, que pueden ponerle en situación de ruptura con todo lo que le han inculcado.

Los padres, que ya han renunciado a sus fantasías y utopías para afrontar las pruebas de la realidad, temen que los sueños de su hijo le lleven demasiado lejos, mucho más de lo que ellos mismos pudieron nunca aventurarse. Por ello, la más mínima inclinación por holgazanear y, por tanto, por soñar, es reprensible. Porque quizá la pereza no es más que esto: la única artimaña que ha encontrado el niño para liberarse de la influencia del adulto; un ámbito privado en el que nadie tiene derecho a mirar, un espacio de libertad en el que el pequeño puede retirarse cuando la realidad le resulta demasiado pesada, un lugar «para ir a otra parte»...

Así, para un niño, el hecho de soñar despierto equivale a ser pillado haciendo algo malo, cuando en realidad es otra cosa. Así lo entendió una joven maestra de primero de primaria al respecto de un niño que solía evadirse a menudo. Había notado, con gran agudeza y sensibilidad, la forma particular que tenía de orientar la mirada hacia su mundo interior. A la madre, preocupada un día por los progresos de su hijo, supo contestarle: «No se le escapa nada, sabe ver lo que otros no ven: basta con que caiga delicadamente una hoja de un árbol del patio para que siga imaginando una historia con ella. No soy capaz de molestarlo en este momento de felicidad. Posee una riqueza que le será de gran ayuda en la vida, que deseo que conserve».

Esta joven maestra, que acababa de incorporarse a la profesión, era muy respetuosa con los niños gracias a que todavía idealizaba —¿por cuánto tiempo?— su trabajo, en lugar de verse absorbida por el sistema. Si hay un único docente que haya sido importante para este niño, creo que es sin duda esta maestra y la mirada atenta que proyectaba sobre él.

El pequeño director general

Algunos niños, desde su más tierna edad, crean un «falso yo», calcado de los deseos de sus padres, y lo hacen en detrimento de su yo auténtico para obtener el amor de sus progenitores. Hemos visto cómo estos últimos, igual que el propio sistema educativo, fomentaban esta tendencia, algo nefasto que tiene por efecto embotar los deseos y los sueños de los niños con el objetivo inconfesado de que se adapten a los objetivos de la sociedad y de tranquilizar a los adultos acerca de su futuro. Es una educación *rentable* para una sociedad *eficaz*: «No tengo tiempo para perder el tiempo, yo soy serio», le dice el banquero al principito de Saint-Exupéry.

Así, encontramos a niños con un calendario de actividades digno de un auténtico director general. Organizado por los adultos, no les deja demasiadas posibilidades de encontrar espacios de juego o momentos para soñar.

Es el caso de un niño de nueve años que, harto de tener que pasar siempre de una clase de piano a una de tenis, me implora patéticamente en cuanto estamos solos: «Dígales a mis padres que me gustaría tener tiempo para no hacer nada. No puedo más con tantas cosas. Mi sueño sería simplemente poder pasar unas vacaciones en casa». No había ni un momento en que no estuviera ocupado con una actividad u otra. Después de haber intentado convencer a sus padres en vano, había terminado por renunciar a reivindicar sus momentos de evasión.

A menudo, el niño se ve *obligado* a mostrarse conciliador por el temor que siente de perder el amor de sus padres si manifiesta su enfado o su rechazo. Porque detrás del discurso de sus progenitores, el niño oye otras palabras que se encuentran latentes: «Si no haces exactamente lo que deseo, dejaré de quererte». Los que se resisten se arriesgan entonces a sentirse desaprobados y abandonados.

Los padres del pequeño director general venían a mi consulta por un comportamiento de su hijo que les confundía: simplemente, él no tenía ganas de hacer nada y utilizaba la poca energía que todavía le quedaba para negarse obstinadamente a ir a clase. Este niño estresado, cuyo margen de libertad era bastante reducido, no podía más, hasta el punto de perder el interés por las clases, que aunque eran variadas le parecían demasiado esclavizantes. Al estar sobreestimulado, podía parecer que se sentía realizado pero reaccionaba como un niño frustrado, con razón, por su necesidad legítima de tener tiempo para él, para utilizarlo como quisiera, incluso para no hacer nada; por el simple placer de perder el tiempo, actividad despreciada actualmente y sin embargo muy formadora. Ya que es durante este tiempo «inútil» cuando el niño puede aprovechar la ocasión para construir un mundo propio. ¿Cómo se le va a ocurrir abalanzarse sobre el baúl de los juguetes, suponiendo que tenga uno, si no cuenta ni con un momento libre?

El síntoma de ese niño, que parecía una reacción depresiva enmascarada, solamente expresaba su desasosiego. Como todos los síntomas, tenía su utilidad: permitir al niño activar la señal de alarma en un momento en que, habiendo superado el umbral de tolerancia, no le quedaba más que el rechazo en bloque de todas las obligaciones impuestas por la realidad.

Una vida fraccionada

Está claro que este simple ejemplo ilustra hasta qué punto el exceso de actividades, orientadas a hacer del niño un «producto competente» en la escuela primero y en el mercado laboral después, pone en peligro su equilibrio psicoafectivo cuando significa la renuncia a un legítimo deseo de evasión. Sin embargo, es sorprendente que los adultos, cansados y en ocasiones —aunque pocas veces— críticos con respecto a su modo de vida, no dejen de imponérselo a sus propios hijos, preparándoles lo antes posible para fraccionar sus vidas en una relación de tiempo de trabajo-tiempo de ocio en la que el segundo concepto tiene la única función de aliviar el primero. «La noción de tiempo disponible se ha vuelto igual de potente y de ferviente que la de tiempo de trabajo»: estamos fascinados por un «tiempo libre» opuesto al «tiempo ocupado», aunque ambos remiten al criterio común de productividad. «El ocio socialmente reconocido, por ser implícitamente merecido gracias al alto precio pagado por él, se convierte a su vez en un valor que no debe malbaratarse en la prolongación del esfuerzo del trabajo» (Jean Baudrillard). Así, el «tiempo vacío» está condenado a dejar de serlo y se ve también explotado para reforzar el próximo tiempo de trabajo.

Tiempo ocupado, tiempo libre: la misma preocupación para rentabilizarlos, la misma alienación. Actualmente, entre ambos conceptos ya no queda espacio para el placer de poder perder el tiempo...

75

El éxito de los gimnasios indica claramente la alteración de la relación entre tiempo ocupado-tiempo libre. Estos centros deportivos responden sin duda a la necesidad de reparar el cuerpo, que sufre los efectos de un modo de vida en el que todo concurre para ahorrarnos esfuerzos *inútiles*. Todo tipo de máquinas nos ahorran hoy los trabajos fastidiosos, pero provocan que el cuerpo se quede bloqueado y se atrofie rápidamente. En cambio, la alimentación pasada combinada con un esfuerzo físico constante del individuo garantizaba el equilibrio corporal de las generaciones anteriores.

Actualmente, este cuerpo «cortocircuitado» por la eficacia de las máquinas sufre una inactividad física responsable de muchos males. Necesita una rehabilitación funcional adaptada a «minusválidos», en los que todos nos hemos convertido en uno u otro grado. Basta con ver uno de estos gimnasios, donde cada uno de los aparatos, más o menos sofisticado, tiene la función de tratar un músculo en particular para que recupere tono y flexibilidad, es decir, con objeto de darle vida porque aquella movilidad natural de antaño ha desaparecido. Ahora nos vemos obligados a emplear este tiempo ganado gracias al progreso técnico en *reparar* de forma artificial y costosa nuestros cuerpos abotargados y debilitados por la falta de ejercicio.

Lo mismo pasa con la mente. Allí donde las máquinas sofisticadas y con altas prestaciones nos ahorran los trabajos duros y fastidiosos, los empleados se quejan ahora de la maquinaria, que ha sustituido el trabajo largo y

76

monótono por una gran atención en conseguir una mayor eficacia. Esta atención permanente a máquinas y ordenadores de todo tipo que se les exige a los trabajadores, si bien es diferente al esfuerzo físico del pasado, no ha resuelto nada de nada. Y, contrariamente a lo que teníamos derecho a esperar, la creatividad no ha salido en absoluto reforzada. Si se trata de un trabajo repetitivo, la obligación resultante, más sofisticada, es equivalente a la del pasado. La gente que tiene que sufrir sus efectos se queja de dolores físicos varios, si no cae en una depresión.

En este sentido, vale la pena recordar la anécdota del padre de un joven paciente, profesor de artes plásticas. Me contó que ciertas firmas japonesas, alertadas por la dimensión que alcanzaba el problema de las depresiones de su personal, habían pedido los servicios de profesores de escuelas de arte francesas —como él mismo— para crear talleres de pintura y de escultura en el marco de la empresa. Estas actividades debían procurar a los empleados unos espacios que les permitieran liberar las tensiones y la angustia generadas por su trabajo. Su creatividad podría encontrar así un modo de expresarse, lo cual les proporcionaría los medios para reparar los efectos destructores de la hiperespecialización técnica. Como el interés de la empresa pocas veces se limita a una preocupación exclusiva por el equilibrio psíquico de los empleados, su productividad mejoraría de una forma natural. He aquí como algo que podría parecer un aumento de libertad puede convertirse en sospechoso;

así, esta libertad no es un bien sin contrapartida y se obtiene con el precio de un tiempo extra exigido al empleado para reparar los beneficios de la mecanización. Así, todo lo que en el pasado pertenecía al campo de los descubrimientos naturales y enriquecedores integrados en la vida diaria es recuperado actualmente dentro del proyecto económico de la empresa.

Un tiempo para no hacer nada

Si bien el proyecto de expulsar las máquinas de nuestras vidas pertenece a la utopía más absurda, parece imprescindible permanecer atentos para controlar un sistema que invade todos los ámbitos de la vida cotidiana, tanto la de los adultos como la de los niños. ¿Y qué —puede preguntarme— tiene que ver esto con la creatividad de los niños? Pues que las prácticas se generalizan también en lo relativo al universo familiar. Como escribió Jean Baudrillard: «Ya no quedan reservas de inutilidad; están amenazadas de explotación intensiva».[5] Todo lo que la vida y el centro escolar, antaño unidos en una especie de «escuela de la vida», ofrecían en cuanto a creatividad se refiere, los niños actuales, pasivos y atiborrados de conocimientos abstractos que deben engullir muy pronto, se ven obligados a ir a buscarlo más lejos para reparar los perjuicios causados.

---

5. Jean Baudrillard, *Le crime parfait*, p. 76.

Lo que el niño localizaba antes en su entorno colmaba sus expectativas acerca de lo maravilloso, pero ahora, separado de ese ambiente, se ve forzado a encontrarlo de manera artificial. Así, por ejemplo, en un museo de ciencias naturales el niño descubre unos pájaros de los que únicamente ve una foto pero cuyo canto puede oír en el momento que aprieta un botón: unos «pájaros muertos» de los que sólo queda una imagen fija, disociada de su canto grabado. ¿Y qué decir de esas ovejas de hormigón que no evocan ni su tacto ni el placer de poder tocarlas? ¿Es esta la herencia que deseamos dejarles a los niños en un futuro próximo?

Hoy en día, nuestro papel prioritario es «reanimar» a nuestros hijos mediante el contacto con el exterior. Tenemos que animarlos a apuntarse a actividades en la nieve, a campamentos en la naturaleza o visitar el patrimonio cultural que les pongan directamente en contacto con el entorno natural. Estas estancias incitan al niño a vincular la experiencia sensible con el conocimiento abstracto transmitido por los maestros, pero ¿no podemos plantearnos más ampliamente mezclar la enseñanza con la vida real fomentando la *doble pertenencia* de los maestros? En la universidad, ¿el profesor de ciencias no es también investigador, y el de bellas artes, incluso pintor, escultor, grafista o diseñador?

Esto es así a veces, pero la escuela puede abrirse de manera general y convertirse en un verdadero lugar de vida donde algunos padres, creando así un vínculo con la realidad exterior, vayan a transmitir su pasión y sus conocimientos. Así se evitaría que el tiempo libre de los niños también estuviera dedicado a todo tipo de actividades, que añaden una mayor carga a su vida diaria. Su creatividad se limita entonces a unos marcos obligatorios, y por lo tanto restringidos, dentro de un empleo del tiempo que a veces resulta más estresante que el de sus padres. De esta manera se preparan para lo que les vendrá más tarde, aquello a lo que todavía intentan escapar desesperadamente, es decir, un tiempo *rentabilizado*, como ya lo son el tiempo de trabajo y el tiempo de ocio del adulto, algo de lo que este no deja de quejarse. Pero, de acuerdo con la norma clásica según la cual nos vemos inconscientemente llevados a reproducir unas situaciones análogas a las que hemos tenido que sufrir, es este mismo destino el que reservamos a nuestros descendientes.

Por tanto, no resulta demasiado sorprendente que ciertos niños, sorprendidos por esta falta de coherencia, decidan hacer todo lo posible para eludir un futuro tan poco apasionante. Es un discurso muy habitual en los adolescentes que tienen dificultades escolares, estos afirman sentirse desconcertados por el empeño de sus padres en convencerlos para seguir un modelo de vida alienante, cuando ellos mismos se muestran tan poco satisfechos del mismo.

Es comprensible el rechazo de verse sometido a un ritmo binario que excluye toda noción de «tiempo para no hacer nada», ese «no tiempo» imprescindible que se abre en el campo ilimitado de la reflexión y del sueño, que permite escapar de los imperativos del tiempo programado por los relojes.

Es fundamental respetar la inclinación innata del niño por un tiempo personal que escape del control de los adultos. El hecho de oponerse a ello supone reducirlo a ser solamente el espejo de una realidad limitada, en la que no pondrá nada de sí mismo, sin poder por ello desarrollar un espíritu ni crítico ni de inventiva. Pero no nos equivoquemos: en ningún caso el tiempo libre debe significar indiferencia de los adultos hacia el pequeño, cuyas necesidades de diálogo y de intercambio exigen en ciertos momentos disponibilidad y atención. El hecho de estar atentos para suscitar o reavivar la curiosidad de los niños sigue siendo el papel principal de los padres. Al no querer oír su protesta, avalamos el hecho de que su infancia les sea usurpada.

Sin embargo, hoy en día, los niños están agobiados por el peso de la realidad, y esta hiperestimulación (excesiva) de la que son objeto quizá tiene por función colmar nuestras frustraciones de adultos, generadas por un modo de vida que somos incapaces de cuestionar, ya que es más cómodo adaptarse a sus efectos negativos que combatirlos. Nosotros, como adultos, no debemos participar en el juego de las exigencias interesadas de una sociedad y de su sistema educativo que nos llevan, a todas las generaciones, hacia un callejón sin salida. Esto no significa tampoco volver a un ideal «progre», como algunas personas no dejan de reprocharme, sino simplemente ayudar a los niños a ser ellos mismos, en una sociedad más conforme

81

a sus esperanzas. El hecho de quedarse al margen no re-
suelve nada, porque los pequeños deben contribuir de
una manera dinámica y creativa a la sociedad, para poder
realizarse y tener éxito en la vida. Ahora se trata de apoyar
la revuelta legítima de nuestros niños en apuros y unirnos
con ellos a la *resistencia*. Nuestros hijos no están *obligados* a convertirse en los instrumentos de una sociedad
que desea ante todo hacer de ellos unos «niños competentes» al servicio de sus objetivos.

3
¿Cabezas llenas o cabezas vacías?

No puede encontrarse la poesía
en ninguna parte si no la llevamos dentro.
JOSEPH JOUBERT

Todos los niños tienen un reino. /
Todos los niños tienen un imperio...
JACQUES BREL

Los niños están sometidos no sólo a los deseos de sus padres, sino también a la evolución de un mundo donde el hombre ha aprendido a venderse a sí mismo, en un mercado cuyo principal criterio sigue siendo la rentabilidad mediante la sobrevaloración del trabajo. Actualmente, el hombre convertido en objeto de consumo se consume a sí mismo y se liquida con unos currículum vítae que alaban al máximo sus capacidades y sus méritos.

Es sintomático que el antiguo puesto de jefe de personal, con una connotación ciertamente paternalista, se haya sustituido por una fórmula más adaptada a los tiempos actuales: director de recursos humanos. La introducción del término *recursos* para definir las competencias del ser humano se enmarca en una sociedad en la que la obsesión por los beneficios hace estragos y evoca de todas todas el interés por explotar y gestionar a la persona. Los propios empleados parecen haberse convertido en un «filón inagotable» para la empresa y la sociedad, el cual debe *evaluarse* primero para *gestionarse* mejor después porque actualmente la terminología económica está presente en todos los ámbitos de la vida cotidiana y porque todo se *negocia*.

Así pues, no es de extrañar que ciertos padres sueñen solamente con valorizar a sus hijos para sacarles el mejor partido. En este contexto, su descendencia equivale a un producto que cabe dotar lo antes posible de cualidades *imprescindibles*, para que sean mejores que sus vecinos. Así, estamos muy lejos de las «cabezas bien amuebladas» tan queridas por Montaigne, que hoy se reducen a «cabezas muy llenas», pero ¿llenas de qué? Sin duda, de conocimientos y de información, pero también de artimañas y de asuntos efímeros transmitidos tanto por la televisión como por los juegos de ordenador.

La televisión y el estereotipo de la imagen

Las «cabezas vaciadas»[6] de su potencial creativo se encuentran disponibles para absorber pasivamente unas

---

6. Para retomar la expresión de Jacques Roubaud.

producciones definidas por los medios de masas para contentar al máximo de personas. Mediante la televisión, el niño se encuentra cebado precozmente con dibujos animados, anuncios publicitarios y películas de todo tipo, que le fascinan y le impregnan, y lo sitúan al mismo tiempo en un mundo ficticio, entre real e imaginario. La televisión «empobrece nuestra percepción y nos "desenseña" a mirar el mundo». Además, un niño que se pasa horas delante de la «caja tonta» se traga un sucedáneo de sueños y, al mismo tiempo, acalla su propia capacidad de soñar y de elaborar sus particulares juegos, para los que no le queda tiempo disponible. En este sentido, la televisión puede definirse de forma caricaturesca como una «trampa para niños», una «trampa para moscas», de la que resulta ilusorio poderse liberar.

¿Qué decir, además, de aquellos niños que en Estados Unidos encontraron la muerte saltando por la ventana como Superman o Batman, o, más cerca, de los casos de asfixia mortal de jóvenes que intentaban «imitar» al protagonista de la película de culto *El gran azul* y que sobrepasaban los límites de la apnea en su bañera?

El niño *telévoro* se sitúa así en un mundo en el que desaprende a comunicarse, por el hecho de que la dependencia de la televisión representa la anticomunicación por excelencia, si la palabra no toma el testigo para convertirla en una herramienta de debate y de descubrimiento. Hay un ámbito en el que la televisión conserva un papel principal indiscutible: el de ofrecer una apertura al mundo. Un buen ejemplo (con el riesgo de combinar la evasión máxima con el mínimo de obligaciones) son los reportajes que ofrecen continuamente un análisis de sociedades diferentes, tanto del pasado como contemporáneas. La televisión, de hecho, es potencialmente una herramienta de formación privilegiada, que ofrece la oportunidad de acceder al conocimiento, así como de desarrollar el espíritu crítico y la capacidad de saber elegir según unos criterios de valores propios de cada uno.

El hecho de que el 70 % de la comunicación pasa actualmente por la imagen puede ser motivo de reflexión y sorpresa; pero, sobre todo, vale más esperar que la televisión evolucione en el futuro priorizando más la cultura que la diversión.

La globalización actual de las imágenes, que no puede más que acentuarse, ataca gravemente a la escritura y al lenguaje hablado. Estamos perdiendo las palabras y las ideas que estas transmiten, en beneficio de una imagen que somete totalmente a los niños a los modelos que se les imponen. La imagen reduce sensiblemente el margen de autonomía que ofrece, por ejemplo, la lectura. Con un libro, el niño conserva la libertad de *hacerse su película interior* mediante las palabras. Pero ¿cómo puede imaginarse a Blancanieves si ya ha visto la película de Walt Disney? La imagen empobrece al sujeto imponiéndole una situación que ataja la aparición de la fantasía. ¿Acaso no es por la misma razón que nos sentimos decepcionados tan a menudo por la adaptación en imágenes de una novela que nos ha gustado?

Encontramos esta tendencia al estereotipo en una actividad tan cotidiana como el aprendizaje de la escritura. Cuando el tratamiento de textos y el ordenador uniformizan la escritura, idéntica para todos gracias a la pantalla, ¿para qué empeñarse en desarrollar una personal? Por no decir del corrector ortográfico, que dispensa al niño de todo rigor gramatical elemental... Los ejercicios de caligrafía, que permitían acceder al dominio del gesto, han quedado relegados a los museos y pasan a convertirse en un arte de pleno derecho. La escritura manuscrita conservaba sin embargo el encanto de ser la huella directa de un correspondiente que se arriesgaba a revelar su estado de ánimo en el momento de escribir. Dudo que pueda leerse con la misma emoción la letra impresa por ordenador, anónima y exenta de tachaduras y de singularidad. Así, paradójicamente, la escritura sólo resulta útil a los departamentos de contratación de personal, a los que permite evaluar la personalidad del candidato, de repente «traicionado» por este rastro en el que se descubre una parte íntima de sí mismo de manera inconsciente.

Los videojuegos

Ciertamente, es difícil reprocharles a los padres su complacencia tácita con respecto a los videojuegos cuando conocemos sus horarios sobrecargados y la falta de disponibilidad resultante. Muchos niños se encuentran a diario solos en casa durante varias horas, en las que deben mantenerse ocupados con algo. En las ciudades, donde este fenómeno es más frecuente, es donde los videojuegos alcanzan su mayor índice de penetración. ¿Cómo condenar esta fácil solución, que consiste en comprar una consola de videojuegos que cautivará al niño permanentemente hasta el regreso de los padres (los pequeños realmente enganchados pueden pasarse hasta seis horas al día)? El problema diario de los padres es lograr limitar su consumo.

Sin embargo, si bien los videojuegos, como la televisión, vuelven pasivos a los niños, también contienen otros peligros reales. No evocaré la polémica acerca de los ataques de epilepsia que este tipo de juegos supuestamente puede provocar; se trata más bien de destacar los riesgos a los que están expuestos unos niños que, en un momento en que deben aprender sobre el mundo, la vida y la muerte, se ponen en situación de dependencia ante unos juegos que les confunden y les dejan despojados frente a la realidad. Como prueba de ello, valga esta reflexión sintomática de un niño frente a la muerte de su abuelo, que preguntó de repente a su madre que «por qué su abuelo tenía sólo una vida cuando su héroe tenía más de diez».[7]

Además, el aspecto castigo-recompensa que ofrece la consola crea una auténtica dependencia, casi pauloviana, del niño con respecto a su juego. Hay que decir que

---

7. Anécdota contada por Geneviève Jurgensen en *Science et Vie Micro*, n.º 103, marzo de 1993. Todo el artículo de Anne Pichon me aportó también mucha información interesante. Para saber más acerca del tema véase también *Science et Vie Micro*, n.º 110, noviembre de 1993.

los diseñadores de estos programas saben lo que hacen introduciendo una música mareante y un sistema visual que engancha al jugador para provocar en él el deseo imperativo de volver a jugar. Contrariamente al juego creativo, el videojuego nunca deja a nadie satisfecho porque está sutilmente programado para mantener una frustración permanente que, para los productores, es la garantía absoluta de un consumo ilimitado. Así, se vuelve a jugar.

El provocador eslogan de la firma Sega, «Es más fuerte que tú», es un buen ejemplo. Deja entender que el niño no podrá pasar sin este imaginario inventado por otros para él. Aunque quiera «desintoxicarse», acabará perdiendo lo más valioso que tiene, esto es, su libertad de espíritu.

Además, mediante el videojuego el niño experimenta la derrota; se inicia al fracaso permanente porque nunca podrá ganar por completo a la máquina, que no hace más que invitarlo a aumentar su puntuación, nada más. Así, el niño está atrapado en un engranaje en el que finalmente se encuentra aplastado y muy pronto adopta la posición repetitiva del que cree ganar, mientras que, en definitiva, no hace más que perder.

El videojuego mantiene al pequeño en una pasividad opuesta a la confrontación con la realidad, que le permite, mediante un retorno a sí mismo, crear un mundo interno a su medida. También le priva de todo movimiento físico libre. Ciertamente vemos que se mueve, pero únicamente con el juego, al que se encuentra literalmente sujeto, y su cuerpo también está «teledirigido». En este mimetismo empobrecedor, el niño deja de sentir su organismo y pierde así la capacidad de identificar sus sensaciones y sus emociones personales. Igual que la televisión, el videojuego ata su imaginario e incluso le llega a ofrecer los sonidos que acompañan al juego, y que el niño reproduce en forma de onomatopeyas estereotipadas, que no tienen nada que ver con las que inventa cuando se sumerge en aventuras creadas por él mismo (basta con recordar los extravagantes sonidos emitidos por los pequeños cuando juegan).

Sin embargo, existe un buen uso de la informática gracias a algún *software* de creación gráfica que amplía de forma ilimitada las aplicaciones de las ideas que aparecen en su imaginario. En cambio, si el mundo que se le ofrece está limitado a los juegos por ordenador o a los videojuegos, este es un universo idéntico para todos, con el riesgo de perjudicar su desarrollo y condicionar así su comportamiento futuro de forma lamentable.

Dicho esto, la dependencia del videojuego me parece un síntoma en sí. Podemos preguntarnos si un niño que dispone de un imaginario desarrollado no limita por sí solo el consumo de videojuegos y de televisión. Por mi parte, he podido comprobar a menudo que los niños equilibrados raramente son «fanáticos» que buscan este tipo de aislamiento y esta necesidad de evasión, mucho más frecuente en cambio en pequeños con dificultades.

Recuerdo el caso de un adolescente de quince años muy dependiente de estos juegos, que la escuela me había enviado por su comportamiento asocial. La comunicación con los demás se limitaba para él a intercambiar algunas palabras cuando pasaba archivos informáticos. Más allá de los comentarios limitados a las características de los juegos, ningún tema suscitaba en él el más mínimo interés, ni quizás en sus semejantes. Su comportamiento, progresivamente, se había vuelto obsesivo, hasta el punto de evitar cualquier otra forma de actividad aparte de su consola de videojuegos, a la que permanecía pegado durante horas.

Un informe de la ilustre facultad de Medicina de Harvard reconoce la «adicción a las redes electrónicas como una patología. El usuario pasa cada vez más tiempo frente a la pantalla. Se aísla y olvida los otros aspectos de su vida... Los medios electrónicos crean una realidad paralela que puede perfectamente alterar la conciencia» (*Le Quotidien du Médecin*, marzo de 1995). La consola de videojuegos para el pequeño es equivalente a Internet para el adulto, y vuelve dependiente a un niño frágil que necesita evadirse de la realidad o hacer callar su mundo interior demasiado angustiante, mientras que uno que está bien puede afrontarlos o entregarse a otros placeres.

La uniformización de las necesidades mata el deseo, porque este pasa por el esfuerzo de la curiosidad y del descubrimiento personal, sostenido por un entorno consciente de sus responsabilidades. La riqueza de su mundo interior garantiza la autonomía y el equilibrio psicoafectivo del individuo. Pero esta es una preocupación ajena a las empresas de videojuegos y demasiado amenazante para sus intereses. Nadie duda de que, condicionado así desde su más tierna edad, el niño no sea un «excelente ciudadano» al servicio de la sociedad primero, de la empresa después, donde se limitará a parecer siempre competente: un individuo maleable que se encuentra a gusto en la conformación ilusoria que procura el acceso al consumo. Condicionado de este modo, se convierte en una presa fácil para el consumo tanto de información como de chismes en general, lo cual contribuye a desequilibrarlo siempre más, y cuya realidad virtual es la apoteosis por excelencia.

La realidad virtual

Este invento prefabricado, al margen del imaginario, paradójicamente llamado *realidad*, representa sin duda un peligro real con respecto a la fantasía creativa. El mundo virtual en el que se encuentra incluido el sujeto y que es modificado a su manera es una trampa en la que el individuo espectador-actor se descubrirá atrapado sin saberlo. Todavía podemos —pero ¿por cuánto tiempo?— distinguir entre la realidad y los productos imaginarios, y controlar sus límites. Pero esto puede no ser así cuando esta actividad nueva nos invada e imponga sin matices una peligrosa amalgama entre ambos mundos, ahora imbricados en una especie de «vivencia llave en mano [...] donde nos quieren hacer entrar en la imagen [...], insta-

92

larnos en una actualidad total, eliminando cualquier ilusión del pasado y del futuro».[8]

El hecho de sumergirse en un mundo ficticio —donde todo es posible y las imágenes, los sonidos y las sensaciones tienen un origen artificial— representa una auténtica amenaza, susceptible de dejar en las mentes frágiles y sin suficientes defensas unas secuelas próximas a la locura. Debemos preocuparnos por sus posibles efectos en la mente de un niño en desarrollo. La fórmula de *realidad virtual* conlleva en sí misma esta ambivalencia: la realidad es lo que tiene una existencia efectiva, y lo virtual, una en potencia, no actual. Es decir, se trata de dos términos contradictorios. Sin embargo, esta combinación de dos conceptos opuestos probablemente no es fruto de la casualidad sino la marca de una ambigüedad que sobreentiende que el mundo imaginario puede convertirse en realidad mediante «la magia de un cuerpo virtual dotado de capacidades sobrehumanas». Los especialistas no dejan de sensibilizarnos acerca de los perjuicios de tal práctica, que «puede "puncionar" todas las fuerzas vivas de la personalidad en beneficio de uno o de varios mundos virtuales».[9] Los individuos pueden encontrarse exangües y sin medios que le ayuden a volver a la realidad, por esencia decepcionante, con sus límites y prohibiciones. La realidad sale mal parada, y existe el riesgo de que pueda ser desacreditada y de que se pierda el in-

---

8. Jean Baudrillard, *Les pouvoirs de l'image*, Dunod, 1994, p. 8.
9. Jean Baudrillard, *Le crime parfait*, Galilée, p. 64.

terés por ella, porque el nuevo *paraíso artificial* colma todos los deseos allí donde la fantasía suele ser fuente de decepción.

La televisión, acusada de ser permisiva al fomentar y dar cuerpo a todas las fantasías, está muy lejos de la desestabilización y las alteraciones que la ilusión de la realidad virtual puede ocasionar, allí donde «el hombre ha dejado de creer en su existencia propia y ha optado por una existencia virtual, un destino por poderes».[10]

¿Cómo puede el niño, tan maltratado por el mundo ilusorio de la imagen, renunciar sin pesar ni desengaños a la omnipotencia ofrecida así a su credulidad? Bastará con crear un interlocutor a su medida para colmar su deseo. Así, el niño se convierte en actor, atrapado en la trampa de una ficción más realista que la propia realidad y reflejo perfecto de su afán de omnipotencia. Las frustraciones impuestas por la realidad se harán más intolerables de lo que ya son. ¿Cómo se producirá entonces la transición entre dos mundos tan opuestos? ¿Y qué quedará de la comunicación? Resulta ilusorio pensar que la vida pueda ser más feliz en la negación y el rechazo de las propias dificultades. Según esto, la huida hacia la ficción tiene por efecto inverso el convertir lo real en algo todavía más inaceptable. ¿No es esta una de las desastrosas consecuencias de la droga?

En cambio, el hecho de afrontar la realidad nos permite descubrir las potencialidades propias y participar a

10. Jean Baudrillard, *op. cit.*, p. 64.

nuestro modo en la transformación del mundo. Es el precio que debemos pagar para acceder a la verdad acerca de uno mismo, y reservar momentos de evasión en un imaginario personal y creativo, anticipador de lo que va a venir. Si bien la felicidad absoluta sólo existe en el epílogo de los cuentos de hadas, las frustraciones inevitables impuestas por la existencia pueden encontrar un «exutorio» y una resolución temporal en las fantasías.

En este sentido, tenemos una necesidad imperiosa de fantasear, la cual, si está bien dosificada e integrada, no afectará a la relación con la realidad exterior, sino que contribuirá, por el contrario, a enriquecerla. Cada vez parece más necesario fomentar la *convivencia* entre realidad y fantasía en la medida en que estos dos mundos complementarios se alimentan mutuamente. Esta *conjugación* difiere de la confusión mantenida por la realidad virtual, que hace una amalgama entre lo real y la fantasía. Es urgente evitar que el mundo imaginario se convierta en la especialidad de algunos, y se cree así un universo idéntico para todos, en detrimento del imaginario original de cada uno. La potencialidad creativa individual es una prioridad que debe preservarse a cualquier precio.

El conjunto de estos fenómenos contribuye a hacer de nuestros hijos unos seres maleables, cuyo mundo interior se revela empobrecido debido a un imaginario abandonado. En su lugar, se introduce de manera cada vez más masiva el mundo exterior en forma de flujo de imágenes portadoras de emociones, ciertamente, pero muy pobres y fugaces. De esta manera, muchos niños son absolutamente incapaces de dibujar un mundo a partir de su propia experiencia sensible; en lugar de ello, se dedican a reproducir los personajes de los dibujos animados y otros de los que están impregnados, hasta el punto de que estas escenas se vuelven a vivir de nuevo por la noche en forma de fobias con robots o héroes de ficción, que destronan al lobo familiar y patibulario del pasado.

Es el caso del niño de siete años que vino a mi consulta enviado por su pediatra, porque sentía un hormigueo en las manos sin ninguna razón orgánica y, en cambio, en otros momentos, no las notaba, hasta el punto de tener que comprobar su presencia, tanto de día como de noche. La causa de este síntoma fóbico apareció durante la consulta: un día que se encontraba solo en casa frente al televisor, el niño había quedado muy impresionado por una escena de una película donde una mano cortada, todavía sanguinolenta y colocada en un velador, seguía moviéndose y cogiendo objetos. La escena había sido lo suficientemente angustiante para desencadenar unas manifestaciones psicosomáticas imposibles de controlar para ese niño de personalidad emotiva y frágil, pero también con un entorno familiar poco tranquilizador. Esta confusión inducida voluntariamente entre la ilusión y una imagen hiperrealista pone inevitablemente en peligro el equilibrio psíquico del niño, cuya capacidad de fantasear es un elemento indispensable.

Acerca de la prohibición de fantasear

La imagen mata a la fantasía: así, los medios de comunicación se apropian de la capacidad de fantasear de los niños destruyendo sus potencialidades creativas y normalizando sus producciones imaginarias. Actualmente, asistimos a la creación del *fast-food de la fantasía* en una sociedad poco preocupada por aquello con lo que alimenta a sus hijos, tanto en sentido propio como figurado. La violencia se impone a los niños sin miramientos: no se les deja disponer de sus miedos estructurantes como antes, cuando detrás de la fobia por el lobo se escondían sus propias fantasías, y se vuelven dóciles mediante unos miedos fabricados y manipuladores, unas fantasías idénticas para todos.

Así, el robot aparece como héroe terrorífico con el que el niño se identifica. El lobo poseía todavía el privilegio de formar parte de la naturaleza y de aparecer en pequeñas dosis mediante las palabras tranquilizadoras de los adultos. Estos últimos eran no sólo testigos de las emociones del niño, sino que las sabían compartir con él, y ofrecían así un trampolín seguro hacia el imaginario, en el que se originan tanto las fantasías como las producciones artísticas de todo tipo.

En la actualidad, en un entorno donde Papá Noel es un *aguafiestas de la fantasía* porque nos lo encontramos en cada esquina y donde hacemos que los niños asistan a su propio nacimiento en vídeo, podemos preguntarnos qué ha sido de la fantasía. Parece que sólo cuentan los hechos, la verdad de los hechos y su materialidad, en detrimento de lo aproximado de las fantasías. De repente, la agresividad, parte integrante del comportamiento humano de las personas, se desplaza hacia el terreno de la realidad. Ya no se planifica mediante la fantasía sino que se expresa sin medida en la vida cotidiana. La prohibición de fantasear, implícita en una sociedad marcada por la rentabilidad, anima a que la violencia se exteriorice crudamente y sin control en la realidad. El acceso al imaginario, que permite sublimar esta violencia para hacer de ella otra cosa, tiene la ventaja de limitar sus efectos destructivos.

Así, la influencia del *hacer* y del *actuar* vuelve hiperactivo al hombre moderno en detrimento de las *sensaciones* y la *espiritualidad*, que definen la propia esencia de lo humano. Pero cuando deja de actuar sólo encuentra un gran vacío interior, que le hace perder la medida de las cosas y, desanimado, se vuelve depresivo.

Frente a todas estas observaciones, es demasiado fácil incriminar a la sociedad sin intentar cuestionarse personalmente. Nuestro deber consiste en no capitular ante la envergadura de tales fenómenos. Debemos buscar a cualquier precio los medios para iniciar un cambio en el comportamiento de nuestros hijos, estimulando su espíritu crítico así como el desarrollo de su creatividad. Ellos, como nosotros, tienen unas riquezas insospechadas que tenemos que revelar. Actualmente, estamos *condenados* a afrontar este inmenso reto.

Segunda parte

Un lugar para la fantasía

4

Acerca del imaginario

> La locura suprema consiste en ver el mundo
> como es y no como debe ser.
> JACQUES BREL

> Tengo mi apeadero en el imaginario.
> RAYMOND DEVOS

El juego como lenguaje

Silvia tiene cuatro años y acaba de mudarse con sus padres. Han dejado una casa en las afueras por un piso en una gran ciudad, lo cual parece no gustar mucho a la niña.

Poco después de este cambio, Silvia decide instalarse debajo de la mesa del comedor para comer, jugar e incluso dormir. Lleva allí todos sus juguetes preferidos, se aísla y se niega con obstinación a compartir la vida familiar. Se inventa incluso un pato invisible, de nombre Constantino, que actúa como su confidente y amigo.

Sus padres, como poco, desconcertados, deciden consultarme. Recibo a una niña vivaz y abierta que no me parece que tenga ningún problema psíquico.

101

Durante la sesión, elige de mi armario de juguetes dos casas y las ata con un cordel. Aprovecho para hablarle de lo que creo que es su problema, a saber: «que todavía no ha renunciado a su antiguo hogar y que todo cambio es muy difícil de afrontar para una niña muy "pegada" a su vida de *antes de la mudanza*». Silvia rechaza, a su manera, lo que sus padres le han impuesto y «recrea una casa para ella y su nuevo amigo, el pato Constantino, que, al menos, no la decepciona».

Al escucharme, la niña me mira seria y termina asintiendo con júbilo. Entonces, le propongo que expliquemos a sus padres las razones de su comportamiento, propuesta que acepta con cierto alivio.

El hecho de instalarse bajo la mesa protectora suponía la representación simbólica del pasado, con el que no estaba preparada a romper tan rápido como sus padres. Al no haber tenido el control de la decisión, Silvia había imaginado una situación intermedia, que consistía en recrear la antigua casa, instalada debajo de la mesa, para mantenerla presente en la nueva, todo ello para darse el tiempo necesario para renunciar a una en beneficio de la otra. Finalmente pudo dar el paso sin demasiadas consecuencias gracias al acondicionamiento de una situación desestabilizadora.

Resultaba imprescindible respetar aquella artimaña que ella misma había creado y sin la ayuda de la cual seguramente se hubiera sentido muy deprimida. Poco importaba que el nuevo piso fuera más bonito y cómodo que la casa de antes, porque se trataba de un problema de apego a su pasado. Bastaba con comprender y compartir este problema con ella, y darle el tiempo necesario para que hiciera el duelo de la antigua casa. Todo intento de razonar se hubiera saldado con un fracaso. En cierto modo, su puesta en escena, parecida a un lenguaje, era una forma de expresar sin equívocos las dificultades que tenía. Sus padres, sin embargo, habían tomado la precaución de avisarla del futuro cambio, pero ya sabemos que el tiempo de los niños es muy distinto del de los adultos.

Para el niño, el tiempo representa una noción muy vaga que va dominando muy lentamente, de forma simultánea a la integración de los referentes de la vida exterior. Una adaptación progresiva al entorno condiciona su equilibrio psicoafectivo y es garantía de su plenitud.

El hecho de poder hablar de sus dificultades mediante el juego contribuyó a ayudar a Silvia a hacer la transición entre un mundo y otro: el del pasado y el del futuro. Sus padres aceptaron con alivio esta interpretación del síntoma de su hija. Así, respetaron esta puesta en escena, que no duró más de quince días, porque consiguió renunciar al hogar de su primera infancia para aceptar el nuevo piso gracias a la mediación del juego creativo que se había inventado.

Esta es una de las funciones esenciales del juego, es decir, permitir al niño expresar sus estados de ánimo, sus deseos, sus pensamientos o sus problemas. Esto es lo que el juego tiene naturalmente de terapéutico, en la medida en que permite al pequeño exteriorizar todo lo que le molesta o le hace sufrir: así puede proyectar sus fantasías y evacuar los excesos de emoción que lo asaltan.

He querido explicar la historia de Silvia para mostrar hasta qué punto el juego interviene como un recurso inestimable para ayudar al niño a superar las pruebas que encuentra en la realidad. Además, si el juego y el dibujo se utilizan en nuestra práctica con los niños es porque nos permiten acceder a lo más secreto y profundo de ellos, aquello que no tienen forma de expresar de otro modo que mediante estas formas de lenguaje que les son propias.

Es el caso de un niño de cinco años y medio cuya madre, en trámites de divorcio, me trae; vienen acompañados por su compañero, el futuro padrastro con el que ya convive. Invadido por unas pesadillas repetitivas, el niño no duerme. Según ella, Luis volvió muy deprimido de unas vacaciones pasadas con su padre. Desde entonces, está totalmente encerrado en sí mismo y ha dejado de jugar, incluso en la escuela.

La madre piensa que el padre es el responsable del empeoramiento del estado del pequeño, y considera que es «violento con su hijo» por una sospechosa caída que tuvo en su casa. Viene a mi consulta siguiendo los consejos de su abogado para que yo confirme la necesidad de quitarle al padre el derecho de visitar a su hijo, lo cual —como es de imaginar— no es incumbencia del psicoterapeuta, cuyo papel se limita a ser el portavoz del niño.

Paralizado, el pequeño escucha sin pestañear lo que su madre me cuenta, apoyada por un compañero omnipresente, a mi parecer demasiado implicado, en esta situación conflictiva.

Propongo a Luis que haga un dibujo si lo desea. Coge unos lápices de colores y se lanza, con gran concentración, a la ejecución de una máscara muy expresiva de estilo veneciano, con un grafismo de una precisión sorprendente para un niño de esta edad. Muy intrigada por lo que me parece ser el equivalente de un mensaje, pido entonces verle solo, sin la pareja, la cual acepta volver con cierta reticencia a la sala de espera.

En cuanto nos quedamos solos, le pregunto a Luis, cuyo silencio me perturba por su elocuencia, si realmente desea no volver más a casa de su padre. Como respuesta, el niño estalla en un llanto sin poder decir ni una palabra.

Respetando su desamparo y su mutismo, le propongo que vuelva a verme acompañado por su padre, lo cual acepta rápidamente con un alivio evidente que pone fin a sus lágrimas. Le doy una tarjeta y le aconsejo que se la dé a su padre para que me pida cita.

Mi propuesta sorprende mucho a la pareja, que no parece estar muy de acuerdo, pero insisto en ello explicando que siempre pido ver a ambos progenitores de los pacientes jóvenes. Así pues, se ven obligados a aceptar, y Luis se va más calmado.

Algunos días después lo vuelvo a ver acompañado por su padre. Cuando entra en mi despacho, me sorprende su aspecto relajado y alegre, muy diferente del de nuestro primer encuentro. Por fin escucho la voz de Luis, que manifiesta, además, una gran ternura hacia su padre, la cual es correspondida. Este, muy apegado a su hijo, afirma que se siente preocupado y sublevado por la amenaza de que le quiten la patria potestad.

Los tranquilizo a ambos en cuanto a la necesidad de conservar una relación afectiva y una complicidad tan manifiestas.

Contaré esta historia hasta aquí, porque lo siguiente se aleja del objetivo de mi discurso. Lo que me parece importante destacar es el mensaje que el pequeño intentaba transmitir con su dibujo: la máscara representaba, sin duda, la necesidad que tenía de esconder sus sentimientos verdaderos, frente a un futuro padrastro cuyas reacciones violentas temía. Este hombre también me impresionó a mí, por su deseo evidente de ocupar el sitio del padre de aquel niño maravilloso. En cuanto a su madre, utilizaba inconscientemente a su hijo para arreglar las cuentas con su marido y satisfacer el deseo de su compañero de tener descendencia. La máscara era el símbolo que Luis utilizó espontáneamente para darme a entender que tenía que callar sus sentimientos reales.

Estos dos casos clínicos reflejan, cada uno a su manera, la riqueza de estos modos de comunicación infantil que son el juego y el dibujo (o el modelado), y las posibilidades creativas que ofrecen al niño. Además, son unas valiosas claves que permiten a los terapeutas ayudar a los pequeños que tienen problemas. Estas formas de expresión son el soporte de un imaginario y de su poder liberador, que los adultos deben favorecer.

Sin embargo, los cimientos de las capacidades creativas empiezan con el inicio de la vida, en un proceso originado en el vínculo que une desde el nacimiento al bebé con su madre.

Un tiempo y un espacio para imaginar

La implantación de este proceso puede esquematizarse del modo siguiente: «Para el bebé, su madre y él son la misma persona», escribe Joyce Mac Dougall. «Si bien no puede sobrevivir sin ella, el niño sólo puede existir psíquicamente mediante ella. El niño es únicamente lo que representa para su madre. Todo lo que tiene en potencia no puede realizarse ni organizarse sin ella.»[11]

Depende mucho de lo que represente para ella el placer, el hecho de compartir y, más tarde, también una frustración relativa. Después de la necesidad de colmar a su hijo en sus primeros meses de vida, es normal y necesario, para ella pero también para el padre y para el hijo, que deje de responder a sus demandas con una disponibilidad total. El bebé intenta entonces encontrar en él aquello que ya ha experimentado y que ha sido inducido por su madre.

Así, en los más pequeños, la capacidad de imaginar se desarrolla entre la necesidad manifestada y la no satisfacción inmediata de la misma. El prototipo de estas necesi-

---

11. Joyce Mac Dougall, *Plaidoyer pour une certaine anormalité*, Gallimard, 1978, p. 64-5.

dades puede ser el hambre: si esta no se satisface al momento, el bebé encuentra la forma de calmar su frustración imaginando el pecho de la madre o el biberón, con los que ya ha tenido una experiencia de satisfacción. El enfado que expresa su decepción también puede calmarse con la imagen que crea para llenar su espera. No obstante, si su madre tarda en alimentarlo, al no haber tenido efecto esta producción de su imaginario en su cuerpo, su cólera se vuelve a manifestar.

Huelga decir que, si las necesidades del recién nacido se satisfacen demasiado deprisa, este no tiene la posibilidad de crear soluciones imaginarias para soportar la espera y calmar su impaciencia. El hecho de colmar demasiado rápidamente a un niño le impide explotar y desarrollar sus facultades, porque es en estas experiencias repetidas de diferentes situaciones de *carencia relativa* donde el deseo se ve reforzado y la imaginación llega a echar raíces. Es deseable dejarle el tiempo y el espacio necesarios para que fomente su capacidad de imaginar.

Por extensión, la aptitud del niño de tolerar cierta dosis de frustración le permitirá ir obteniendo progresivamente la capacidad específica de poder crear imágenes en su mundo interior, una especie de disposición compensatoria imprescindible para su vida futura.

Estos momentos de frustración crean inevitablemente cierta tensión que ambos, el niño y el adulto que está a su cargo, deben ser capaces de soportar sin demasiada ansiedad. Debemos saber encontrar, y ello para todos los años de educación venideros, la justa medida entre la ausencia de frustración y su exceso. En este equilibrio sutil es donde, en parte, se arraiga el imaginario del futuro individuo.

La fantasía terapéutica

Freud recuerda que «el pensamiento es un instrumento que permite explorar múltiples posibilidades sin tener que hacer frente a los riesgos inherentes a su experimentación en la realidad». Pone el acento en la función económica de «reserva natural» que representa la imaginación que ha sido sacrificada «en todas partes por la necesidad» y en la que «todo debe florecer libremente, todo, incluso lo inútil y perjudicial».[12] Esta es una de las funciones fundamentales de la capacidad de soñar que forma parte del mínimo vital humano.

El hombre tiende a muchas cosas, algunas de las cuales son necesariamente irrealizables. Así, los proyectos acariciados se expresan sin obstáculos en el registro de lo imaginario, y liberan al sujeto de una frustración infligida por la realidad y sus límites. La fantasía juega el papel de *vertedero* de un exceso de angustia debido a las frustraciones en las relaciones humanas. Toda situación conflictiva puede expresarse y liberarse en este espacio psíquico, donde las escenas pueden volverse a interpretar sin riesgos. ¿Cuántos conflictos se resuelven así?

---

12. S. Freud, *Introduction à la psychanalyse*, PUF, p. 351.

109

El imaginario también permite poner en escena las múltiples facetas de una realidad posible; ofrece al individuo la posibilidad de proyectarse en el tiempo y en el espacio. René Char escribía con acierto: «El imaginario es la realidad..., antes de los resultados». De hecho, este mundo imaginario no es un mundo falso; al contrario, pues da la medida de «*lo que quiero ser* con respecto a *lo que soy*».

En este sentido, la imaginación forma parte de la economía de la vida. Gracias a aquella, el hombre puede crear unas *reservas de energía* evaluando al mismo tiempo las diferentes posibilidades de escenarios que se le ofrecen en forma de fantasías. Evolucionamos y damos sentido a la vida al mismo tiempo que encontramos soluciones a las dificultades que experimentamos. Así es como se construye gradualmente nuestra seguridad interior, imprescindible para estimular las ganas de actuar.

Para el niño, el acceso a lo racional es progresivo y, durante mucho tiempo, inaccesible. Mediante el imaginario y el sueño puede superar las angustias que siente de forma difusa y a veces incluso intensa. Y, para expresarlas, no tiene otros medios que la práctica del juego y de derivados como el dibujo, que para él equivalen a verdaderos lenguajes.

El respeto por el juego

Todos hemos podido comprobar hasta qué punto los juegos imaginarios de los niños representan para ellos un recurso y una ocupación extremadamente intensos. ¡Con qué concentración hacen pasar el trenecito por detrás del sillón o qué serios se ponen cuando pasean al osito o a la muñeca!

¿Quién no recuerda las largas tardes pasadas jugando y el drama que representaba la irrupción de los padres en este mundo maravilloso, cuando ello era sinónimo de retorno a la realidad...?

Esto me hace recordar la historia de una niña de siete años que jugaba en su habitación con una amiga. Involucrada en un diálogo muy intenso, apenas había oído llegar a su madre, que debía llevarlas a las dos a su clase de gimnasia. Sin embargo, si habían podido seguir jugando era porque la madre, a pesar de hacerse tarde, no había querido interrumpir una actividad tan importante para las niñas. Había esperado a que el juego bajara un poco de intensidad para permitirse interrumpir un momento tan privilegiado. Su amiguita quedó impresionada por esta capacidad de atención de la madre, algo que le parecía «totalmente improbable» en la suya, según afirmó convencida.

Esta atención permite que se afiance la relación padre-hijo, y es justamente así como este último es capaz de reconocer el respeto y la atención hacia él, porque la ruptura de los momentos lúdicos es una forma de agresividad enmascarada por parte de los progenitores, mientras que el respeto a su juego equivale a dar importancia a lo que se expresa de esencial en él y, por lo tanto, a sus sentimientos.

111

Función del juego y de las producciones imaginarias

El juego es una actividad universal que permite al niño *actuar* dándole los medios de *experimentar* nuevas nociones para aventurarse siempre más lejos y saciar su curiosidad natural.

Además, ofrece una *compensación narcisista* a la *situación* de inferioridad en que se encuentra el niño en su relación con el adulto, de la que aquel necesita liberarse. El juego también significa *reproducir* «lo que hacen los mayores» y *proyectarse en el futuro*: «Pongamos que tú eres el papá y yo la mamá, o yo seré la maestra...» equivale a unas incursiones en su vida futura que les permiten controlar más la relación con los adultos, pero también supone la posibilidad de *desarrollar papeles todopoderosos*, como el de hada o el de león. De ahí el interés de esos baúles de disfraces llenos de ropa discordante y de accesorios heteróclitos, que ofrecen a los niños una gama ilimitada de personajes por explorar. El pequeño puede dejar de lado lo que no va con él y escoger lo que ve más cercano, y así crear y apropiarse de sus propias referencias para el futuro. En este espacio es donde se despliega su capacidad de imaginar y donde experimenta la libertad de pensar por sí mismo.

La imaginación es considerada demasiado a menudo como una distracción fútil opuesta a las actividades serias que ayudan al sujeto a adaptarse a la realidad exterior. Sin embargo, la combinación de la imaginación y del juego permite al niño hacer una síntesis psíquica que no es en absoluto una actividad gratuita insignificante: lo contrario del juego no es la seriedad, sino la realidad.

De hecho, desde su edad más temprana, el niño accede al dominio de sí mismo y de su entorno cercano mediante comportamientos lúdicos propicios al desarrollo de las actividades imaginativas. El juego realiza esta función de transición entre el mundo subjetivo del niño y la realidad objetiva; le ayuda a adaptarse a nuestra «dura realidad». Jugando, el niño se construye, pasando por papeles sucesivos que le permiten unas relaciones de intercambio cada vez más complejas con los demás y con el entorno.

También es mediante esta acción en el juego que toma la medida de sus potencialidades, que le revelan a sí mismo y le permiten adquirir cierta confianza.

La imaginación sirve para formular un deseo. El juego permite que las experiencias sean pensadas otra vez, soñadas de nuevo; pueden recordarse sin por ello provocar cada vez una nueva conmoción. Además, el juego posibilita al niño interpretar el orden del mundo para domesticarlo y ampliarlo, y reforzar su dominio del entorno. Jugando descubre y expresa sus deseos inconscientes, pero también se libera de las diversas frustraciones que ha sufrido. Las supera entonces reinterpretándolas de un modo distinto, en una ficción que le permite crear guiones variados, expresiones de su vivencia inconsciente: la niña que corrige a su muñeca, de una manera similar a la reprimenda que ella ha recibido, está haciendo esto.

113

El juego se vale de objetos o fenómenos que forman parte de la realidad exterior y que el niño pone al servicio de lo que ha podido retener en su realidad interna. Cuando el juego se vuelva secreto, dará lugar a la capacidad de fantasear, y entonces se transformará en una actividad de pensamiento independiente: «Es el acto llamado *creación de fantasías*, que empieza ya con el juego de los niños, y que, cuando se desarrolla en forma de sueños diurnos, deja de basarse en objetos reales», escribía Freud.[13]

El cuento

En este espacio interior se despliega también la capacidad de ilusión del pequeño, una ilusión alimentada, entre otras cosas, por los cuentos maravillosos contados por los adultos. El cuento le ofrece a cualquier niño la posibilidad de encontrar en las palabras sus propias fantasías sin sentirse culpable, aliviado por poder ponerlas así en escena. No es sorprendente, por lo tanto, que no se cansen de escucharlos una y otra vez, y que encuentren en ellos una fuente de placer inagotable, porque el cuento alimenta la imaginación del niño para el futuro. Con sus historias, «sugiere de forma simbólica qué tipo de batalla deberá librar el niño para sentirse realizado, con la garantía de un final feliz». En este sentido, el cuento de hadas sirve de guía al pequeño en unos términos que su consciente y su in-

---

13. Sigmund Freud, *Résultats, idées, problèmes, Oeuvres*, tomo I, PUF, 1988, p. 138-139.

consciente pueden captar fácilmente y que favorecen el desarrollo de su personalidad.

Pocos tipos de libros pueden presumir de enriquecer tanto al niño, en especial aquellos que se limitan a ser el espejo de la realidad. Los libros actuales, demasiado cercanos a la realidad, no ayudan mucho al niño a hacer frente a sus conflictos internos ni a ordenar sus emociones, a veces violentas.

El pequeño siente a menudo ataques de angustia, de temor y de abandono, emociones que le cuesta expresar con palabras. Lo hace utilizando unos medios indirectos que los padres entienden con dificultad y que se limitan a desdramatizar. Sin embargo, el cuento de hadas aborda muy seriamente todas estas angustias sin explicarlas racionalmente, en la medida en que esto no está necesariamente al alcance de quien escucha la historia.

Muchos padres temen que las fantasías contenidas en los cuentos oculten la realidad al niño crédulo, pero este, al contrario, aprende a distinguir progresivamente lo real de lo imaginario. Encontrando situaciones que evocan sus propias dificultades y sentimientos profundos, en los que se reconoce, se siente comprendido y experimenta un gran alivio.

Es el caso de un niño de tres años que había olvidado su osito preferido en casa de la abuela. No podía dormir sin él, y su ataque de llanto llegó a tal extremo que la madre le pidió a la abuela que le trajera el peluche. Al llegar, esta colocó el oso delante de la puerta y se puso fuera de la vista del niño, que, sorprendido, descubrió al peluche solo en el rellano. La abuela salió en ese momento y le contó la siguiente historia: «Al llegar la noche, tu osito se dio cuenta de que no estabas, se sentía tan triste y tenía tantas ganas de verte que me pidió que lo acompañara a casa. Ha conducido él durante todo el trayecto. Ni me ha preguntado el camino porque lo conocía de memoria. Y también fue él el que apretó el botón del ascensor para subir y ahora ya está aquí feliz de encontrarte».

Esta abuela, inventándose espontáneamente una especie de cuento maravilloso para un niño de esta edad, demostraba tener una gran intuición. Permitía al pequeño identificarse con su osito y no tener que afrontar la culpabilidad de haberse mostrado dependiente de él hasta el punto de hacer que su abuela se desplazara para llevárselo. En lugar de quedarse encallada en el drama de la pérdida, la historia se había convertido en una anécdota alegre que, según me dijo su madre, todavía le gustaba recordar.

Los padres no deben dudar en inventarse historias, cuentos que calman las angustias de sus hijos y que, además, tienen la ventaja de estimular su imaginario. También es una forma como otra de hacer frente a lo imprevisible y de desdramatizar, porque el cuento de hadas da forma a las cuestiones esenciales que el niño se plantea. Identificándose con los personajes encuentra respuestas a unas angustias casi universales. Con el cuento de Ricitos de Oro, por ejemplo, descubre que todas las personas tienen su lugar en la familia y que no debemos asumir un papel que no nos corresponde.

116

También puede aprender ciertos valores fundamentales: los Tres Cerditos, en su versión original,[14] valoran el esfuerzo y la tenacidad; la Caperucita Roja, según la contó Charles Perrault, no puede evitar que se la coma el lobo, pues ha desobedecido al tomar un atajo y por eso es castigada.

Proyectándose en otros papeles diferente a su yo real, necesariamente limitado, el niño puede liberarse del peso de la realidad y encontrar salida a los temores y miedos que debe afrontar. Así, a menudo elegirá encarnar al personaje antipático de una historia y jugará el papel del que tiene el poder de dar miedo (señal de cierto equilibrio psicoafectivo). Cuanto más horrible es la historia, más se divierte. También pedirá una nueva versión en que nadie sale bien parado, o deleitarse con un títere cuando llega el drama... Jugando indefinidamente con la misma historia, aumentando el miedo que le inspira, el niño exorciza sus propios temores y aprende a controlarlos.

En este sentido, el movimiento *políticamente correcto* actual que hace estragos en Estados Unidos es muy preocupante, y llega incluso a afectar a los cuentos infantiles. Han aparecido nuevas versiones de historias tradicionales en las que se elimina sistemáticamente toda violencia. Edulcorándolas, este movimiento cree erradicar la violencia, pero olvida que esta es intrínseca al ser humano y que eliminarla de los cuentos no significa hacerla desapare-

---

14. *Los Tres Cerditos*, Orbis, 1997.

cer; al contrario, porque, ¿qué pasa con la violencia cuando deja de tener salida en la ficción?

Canalizar la violencia

Con la esperanza de proteger a los niños a cualquier precio, se les priva de la oportunidad de expresar en las fantasías unos instintos muy reales, que, al no haber podido ser exteriorizados en el imaginario, corren el riesgo de desarrollarse sin miramientos en la realidad, lo cual es la nueva plaga norteamericana.

Recuerdo el caso de un niño de ocho años, un verdadero «terremoto», que tenía la fastidiosa manía de romperlo todo en casa. Durante mi trabajo con él, me enteré de que, en casa de un amigo, había querido llevarse la película de *El Zorro*, que su amigo le prestó con mucho gusto. Pero cuando su padre lo fue a recoger, se negó a que se la llevara con el pretexto de que era «demasiado violenta». Este niño sufría, por parte de sus progenitores, una represión inconsciente que no podía más que generar en él una revuelta y las ganas de destruirlo todo.

No se trata de fomentar la violencia, como hacen muchos productores de películas, que compiten en ingenio a la hora de mostrar la crueldad, sino más bien de canalizarla mediante una ficción adaptada, para permitir al niño liberarse de las fantasías agresivas presentes en todo ser humano y que constituyen una condición misma de

118

su supervivencia. Nadie duda que negar la agresividad inherente a la existencia de todas las personas equivale, paradójicamente, a fomentarla a largo plazo.

Gracias a su imaginación lúdica, la existencia del niño se abre permanentemente a un gran abanico de combinaciones posibles que le permiten superar los estrechos límites de lo que es para convertirse ficticiamente en otro, y crear así sus propias defensas. Y de esta manera, sintiéndose fuerte con sus nuevos poderes, puede desafiar sin temor al adulto dirigiéndole un terrorífico «¡Soy una bruja!» o «¡Soy el Zorro!». Es evidente cuántas funciones constructivas esenciales conllevan el juego y el imaginario.

¿Acaso el papel prioritario de los padres no es identificar y después desarrollar las capacidades emocionales de un niño que tan bien se expresan en el juego, donde él sublima su agresividad? ¿No es en esta puesta en común de los sentimientos donde arraigará su capacidad de identificar y compartir el ilimitado abanico de emociones? Esta iniciación, y nada más, es la que le adentra en el conocimiento de sí mismo y de los demás, los representantes del mundo exterior.

Compartir emociones

Como hemos podido ver, los retos de estas adquisiciones son prodigiosos, porque favorecen en el niño el desarrollo de todo el registro de intercambios puestos a su

119

alcance: en el ámbito de la mirada y del tacto, del gusto, del oído, es decir, del conjunto de sensaciones que *forman* el cuerpo... Todas estas percepciones son mediatizadas en primer lugar por la madre, que, al nombrarlas, introduce al niño en el lenguaje y le permite también organizar su pensamiento para acceder a la simbolización.

El juego es, sin ningún género de dudas, la mejor manera de estimular los primeros intercambios, y favorece naturalmente el encuentro entre el adulto y el niño. Iniciándole espontáneamente al despertar de los sentidos y a la descodificación de las sensaciones, el adulto le permite al pequeño acceder a unas posibilidades de expresión infinitas, que utilizará y enriquecerá a su manera en la medida en que *el juego crea la fantasía y la fantasía crea el juego*.

En este sentido se encuadra la escena que observé en un parque entre una madre y su hijo pequeño de unos cinco años de edad, al que sorprendí contemplando un enorme *Ginkgo biloba*, el «árbol de las 40 monedas de oro», llamado así porque en los días de otoño todas sus hojas, en forma de abanico, parecen ser de oro. La madre le explicaba al hijo que ese árbol tiene la reputación de ser el más fuerte del mundo y que, si rodeaba el tronco con los brazos, podía impregnarse de esta fuerza. Así que el pequeño, con la mirada chispeante por querer intentarlo, abrazó el tronco con sus bracitos sin llegar a rodearlo por completo. Feliz por este descubrimiento (del que prometió a su madre guardar el secreto), se llevó consigo un trozo de corteza, y recogió delicadamente y entusiasmado una colección de hojas. ¡Sólo un árbol mágico podía producir hojas de oro! Estaba tan convencido de ello que colocó sus preciosas reliquias en el bolsillo de su cartera para, con toda seguridad, hacer buen uso de ellas.

El verdadero aprendizaje se sitúa en este encuentro progresivo del niño con el registro de los sentimientos que puede expresar en primer lugar, y sin tener que exponerse demasiado en su entorno familiar. Equipado con un sentido innato de lo maravilloso, todo niño está listo desde su más corta edad para participar en unos juegos en los que el imaginario ocupa un lugar preponderante y le da acceso a la libertad de simular situaciones: «Seremos una familia de brujos, y yo seré la mamá bruja y tú el papá brujo...».

Por consiguiente, la facilidad posterior de comunicarse con los demás, y de compartir sus juegos y sus ocupaciones, depende de la experiencia satisfactoria de un intercambio lúdico padre-hijo; puede decirse que se trata de un verdadero «pasaporte» para la vida social.

El propio hecho de que el niño se aplique tanto en jugar demuestra hasta qué punto esta actividad es constructiva; de hecho, establece las bases de su desarrollo posterior.

En este sentido, nunca hay un juego gratuito, ya que, para el niño, siempre contiene símbolos ocultos a menudo desconocidos por nosotros. El juego es, pues, en sí mismo, un modo de expresión de pleno derecho, pero

121

también de proyección de todos los sentimientos del pequeño, que tiene un potencial creativo ilimitado, y es capaz de trascender los objetos más modestos y darles un significado. De un puré de patatas, por ejemplo, hará una llanura nevada; de un enorme trozo de brócoli, un árbol, y de un plato de pasta, un congreso mundial de gusanos de seda...

Ningún objeto puede pretender sustituir a su osito destrozado, a su trapo de color indefinible, compañero que lleva a todas partes y cuya degradación le importa bien poco, porque para él sólo cuenta el valor afectivo que le ha dado. Este *objeto transicional* le da al niño la seguridad de estar siempre vinculado a su madre; es una parte simbólica de ella misma.

Así pues, es más que necesario poner a su alcance los juguetes más simples y los objetos más propicios para que se conviertan en el soporte de sus proyecciones fantasiosas. Esta es la libertad que los padres deben fomentar, con la instauración de un clima favorable en los intentos de innovación de su hijo, en su esfuerzo para expresar su creatividad o resolver las dificultades a las que debe enfrentarse.

Algunos progenitores consideran que los juegos de imaginación o de ingenio suponen una ruptura con lo que es real y quieren limitarlos. Pero no es así: al contrario, ofrecen un área de transición donde el niño puede, a su voluntad, confrontar sus fantasías con una realidad que se le impone poco a poco y que hace suya añadiendo su huella personal.

De ahí la constatación de que los juegos educativos —que se deberían llamar más bien *pedagógicos*, porque jugar es en general educativo— pueden acabar con la curiosidad de los niños y con su manera original de hacerse su propia idea de la realidad.

Los juguetes

Lo mismo pasa con los juguetes actuales, objetos definidos y prefabricados que amordazan la capacidad creativa de los niños. Actualmente, las muñecas hablan —¡y con qué voz de ultratumba!— como si estuvieran vivas, cuando el imaginario del niño es el que debe dar vida al objeto. Una muñeca de este tipo limita al niño a lo que ha sido programada para decir, es decir, bien poca cosa.

El material más modesto basta para elaborar una muñeca: un trozo de trapo, hilo y aguja, pero desgraciadamente nadie se toma el tiempo de hacerla. Es más fácil ir a unos grandes almacenes a comprar una muñeca ya vestida y que además posee el don de la palabra. Y, sin embargo, en comparación con la *muñeca espectáculo*, la *muñeca imaginación* siempre conserva un lugar privilegiado en la mente del niño. Porque «es la única que permite los juegos de teatro y de amor, que son las artes de la infancia», como escribe valientemente una especialista en la producción de estas muñecas.[15] Pero ¿cómo re-

---

15. Catherine Refabert, *Un amour de poupée*, Albin Michel, 1994.

123

sistirse a los anuncios variados y masivos que convierten a nuestros hijos en los primeros consumidores de estos *juguetes-chismes*, cuya posesión inmediata disminuye el placer de conseguirlos?

Sabemos que el esfuerzo y la paciencia multiplican la satisfacción. Un objeto elaborado por uno mismo procurará tanta alegría como tiempo hayamos tardado en crearlo. Pero en la época de la velocidad, el tiempo, bien escaso entre todos, no se invierte de este modo. «Las cosas fáciles satisfacen la necesidad pero no el deseo», escribe Françoise Dolto. De ahí que la mayoría de los niños, apenas han abierto el regalo, ya quieran otro. Así, no hay límites para las necesidades insaciables del pequeño, aparte de las del dinero, y cuanto más caro cuesta el objeto, más pobre es en valor afectivo y simbólico. No debemos sorprendernos de ver a padres y a hijos completamente desarmados cuando, una vez que se ha terminado el dinero, no tienen, ni unos ni otros, más recursos para satisfacer una necesidad que sigue siendo alimentada por una avalancha de reclamos comerciales.

Además, la mayoría de las veces el niño se debe enfrentar a juguetes «monstruosos», ante los que se encuentra completamente aislado con sus miedos. Así, el robot, por ejemplo, es un producto acabado que no deja lugar a las posibilidades adaptativas del pequeño en función de su propia sensibilidad. A pesar de sus tentativas de controlarlo, suele verse invadido por terrores nocturnos, fobias y otras pesadillas. El juguete se convierte entonces en

124

el complemento de secuencias de imágenes a veces tan violentas que generan unos temores de desmembramiento terroríficos.

No es por casualidad que, en una sociedad tan materialista como la nuestra, la afición a los ángeles, las hadas y las brujas aparezca con fuerza en el imaginario colectivo: necesitamos cierto misterio e ilusión impalpables cuando todo se expone crudamente y sin reserva a nuestra mirada saturada de *reality shows*.

¿Cómo no sentir cierta saturación en vísperas de las fiestas navideñas ante las montañas de juguetes intercambiables y producidos en serie? Seguramente por eso comprobamos en los últimos tiempos cierto retorno hacia los juguetes tradicionales de materiales bonitos, los juegos de construcción de madera, las «muñecas imaginarias»... ¿No podemos crear unos juguetes que los niños construyan ellos mismos? Desgraciadamente, sólo los menores de los países en vías de desarrollo, privados generalmente de todo, conservan todavía esta capacidad de inventar juguetes de admirable ingeniosidad. Ya no somos capaces de fabricar juguetes a partir de materiales simples, donde la propia elaboración del *objeto para jugar* representa ya un juego por completo. Y, sin embargo, conocemos la importancia de la carga afectiva transmitida por un objeto hecho por alguien, para alguna persona o con la ayuda de alguien más.

Una joven psicóloga evocaba un día con nostalgia las vacaciones que pasaba antes en una casa en la montaña, sin electricidad ni agua corriente. Eran momentos de juegos intensos con sus hermanos en que algunas piñas y la corteza de los árboles les bastaban para ser felices. Decoraban las piñas para convertirlas en diferentes personajes y en rebaños de animales, y en la corteza grababan personas, como una especie de plantillas que después imprimían. No había ninguna limitación, excepto la llegada de la noche, momento de encender el fuego alrededor del cual toda la familia se reunía para pasar la velada. Pero si bien la idea de transponer el bosque y el fuego de acampada a nuestras ciudades parece muy arriesgada, ello no quita que no podamos encontrar creaciones equivalentes allí donde vivimos.

Hemos perdido mucho en esta carrera para ganar comodidad y horas, sobre todo lo fundamental: este tiempo creativo que ha desaparecido en favor de un tiempo artificial común a todos. Pero esta creatividad lúdica sigue caracterizando la espontaneidad que es parte constitutiva de los niños, que continúan siendo los únicos capaces de utilizar su tiempo libremente si les damos la oportunidad de hacerlo.

El juego-recompensa

Como los niños siguen jugando contra viento y marea, incluso en las situaciones más dramáticas, como la guerra, pensamos erróneamente que nada les preocupa. Simplemente, no tienen los mismos medios de expresión que los adultos y, si perseveran en sus juegos, es porque estos representan para ellos la única forma de expresar sus sensaciones o sus sentimientos. Además, *jugar* se convierte en el equivalente de *trabajar*, y con razón reivindican esta actividad como algo serio, ni fútil ni accesorio. Una constatación que Jorge Luis Borges expresaba así: «Trabajar con la seriedad de un niño que se divierte...».

Desgraciadamente, frente a la necesidad de tener que demostrar su eficiencia escolar, al niño se le obliga a renunciar a ello muy pronto: se acabaron la fantasía y los paseos por el imaginario...; es hora de entrar en el camino recto de la razón. El derecho al juego se convierte en algo inseparable de la noción de recompensa. El «podrás jugar cuando hayas acabado los deberes» (o cualquier otra obligación social) es un buen ejemplo de ello, cuando resulta mucho más fácil y saludable decir: «Juega un cuarto de hora y después haz los deberes».

El tiempo para uno mismo ya no puede plantearse de otra manera que en una dimensión restrictiva de *utilidad*, exactamente a la inversa de la libertad del niño de ocupar una parte de su tiempo como mejor le parezca, en una gratuidad absoluta, que es lo propio de la imaginación lúdica. El juego se reduce entonces a una *compensación*, cuando es una *necesidad* imperativa, más enriquecedora y más constructiva a mi parecer que la acumulación pasiva y sistemática de conocimientos abstractos característicos de una conformidad escolar obligada. Sin embargo, a menudo, el «tiempo de jugar» se *gana* pagando el precio de un conflicto familiar, con una tensión tal que no se reúnen las condiciones de relajación imprescindibles pa-

127

ra el juego. Los padres también ganarían mucho si se permitieran hacer una regresión para encontrar con sus hijos un placer lúdico tan denostado.

Podemos preguntarnos por qué aberración muchos padres llegan a convertirse en los colaboradores incondicionales de un sistema que niega las bases mismas del desarrollo infantil, relegando el juego y la complicidad que este desencadena a una actividad secundaria, hasta el punto de que cada vez más a menudo recibo a niños pequeños acompañados por unos padres desanimados porque aquellos prefieren jugar a hacer cualquier otra cosa...: «Estaría todo el tiempo jugando, no piensa más que en eso...». ¿Y en qué se supone que debe pensar? ¿En trabajar y hacer ejercicios gráficos en cuanto puede sujetar un lápiz, para estar preparado para la competencia que le espera? Siguen largas descripciones de episodios conflictivos, convertidos a veces en auténticos rituales familiares, de efectos muy devastadores, que agotan a unos y a otros, y que transforman el universo familiar en un *infierno*, término a menudo utilizado por los padres para describir el ambiente que preside estos encuentros.

Debe reservarse de manera prioritaria un tiempo precioso aunque sea corto para actividades lúdicas que calmarán al niño y le permitirán sentirse entendido sin condiciones en el marco familiar. ¿Es imposible concebir el juego como un principio mismo de pedagogía, como un medio de conocimiento y de investigación del mundo? Seguro que el niño aceptará más fácilmente el someterse a las obligaciones de una vida escolar que no tiene lo suficientemente en cuenta sus necesidades lúdicas y psico-motoras, las cuales han sido ya ampliamente reconocidas en la actualidad.

Más que nunca, debemos defender un tiempo de pere-za, lejos del *juego-recompensa*, que no sea *moneda de cambio* de un tiempo de trabajo, sino el simple espacio de una disponibilidad redescubierta y compartida por los padres con sus hijos.

Un tiempo liberado

Actualmente, en las encuestas, los jóvenes indican como primera preocupación su angustia con respecto al futuro y al desempleo que parece esperarlos, síntoma que no de-be tomarse a la ligera.

Inherente al desempleo está la idea de exclusión; inevi-tablemente sugiere las nociones de fracaso y de depen-dencia social inducidas por los *subsidios*, una nueva for-ma de caridad prodigada por el *Estado del bienestar*. Esta situación general provoca mucha inquietud en estos jóve-nes, que están en una edad en que se espera todo del futuro y todos desean estar integrados. Para algunos adolescentes que están construyéndose, el riesgo de en-contrarse un día apartados de la sociedad provoca unos sentimientos eminentemente angustiantes y destructores. Pero, actualmente, las personas no pueden adquirir otro estatus que el definido por su lugar en la jerarquía del tra-bajo. Este estatus, según ciertos sociólogos, no es inmutable, siempre y cuando se considere al ser humano bajo otros aspectos y otros valores que debemos buscar lejos de la competencia y del dinero, aunque ganarse la vida sea una prioridad.

Sin embargo, como denuncia con fuerza Albert Jacquard: «La selección mediante la mera competencia favorece a aquellos que son capaces de aplastar a los demás. Un ganador es un fabricante de perdedores. Nuestra sociedad fomenta la ley del más fuerte, la que nos remite a la noción de jauría, característica del mundo animal». Realmente, podemos preguntarnos dónde está el progreso.

Es importante encontrar un punto medio donde pueda producirse la alianza entre las necesidades de integración social y las aspiraciones legítimas del sujeto. Para optimizar estos espacios de disponibilidad que serán mañana el sino común de muchos, resulta imperativo preparar a nuestros hijos para soportar y utilizar este tiempo libre donde podrá expresarse la creatividad de cada uno.

Vivir conlleva un riesgo en sí. Hoy, la sociedad lo asume todo para tranquilizar al individuo, que, al mismo tiempo, tiene menos responsabilidades. Este sistema permite a las instituciones controlar a todos los ciudadanos, pero, al garantizarles que vela por ellos, les quita simultáneamente sus medios de defensa, y así se crea una dependencia fragilizadora, como la del niño que no puede pasar sin la protección tutelar del adulto. Por muy paradójico que pueda parecer, el exceso de seguridad produce lo inverso, es decir, temor y angustia frente a la menor amenaza susceptible de alterar este equilibrio artificial.

Al redescubrir nuestra creatividad encontraremos los medios para hacer frente al escepticismo que nos rodea, porque la creatividad genera independencia y cambio. Pessoa avanzaba la idea de que «tenemos dos vidas: la que consideramos real y la de nuestros sueños, que es la vida que queremos vivir y que quizás es la más auténtica».[16]

De nuestra capacidad de hacer coincidir la realidad con el sueño depende toda libertad verdadera, la cual no puede concebirse sin audacia, para luchar contra la uniformización de las ideas y de los comportamientos humanos sometidos a la única influencia de lo material a costa de lo espiritual; para decirlo claramente, una verdadera mutación para una búsqueda del sentido.

---

16. Fernando Pessoa, citado por Hugo Pratt en *Le désir d'être inutile*, Laffont, 1991.

5

Acerca de la creatividad

Aquel que camina sobre los pasos
de otro no le superará nunca.
El que camina sobre los pasos
de otro no deja sus propias huellas.
PROVERBIO CHINO

El placer de crear con las propias manos

«"No podemos quedarnos sin hacer nada", decía la abuela. Justamente en aquel despacho Jean tenía la sensación de no hacer nada. No es que se negara a trabajar, aunque para él nada podía compararse con el mar o con el juego de Kouba. Pero, para él, el verdadero trabajo era el de la tonelería: un largo esfuerzo muscular, una serie de gestos hábiles y precisos, unas manos duras y ligeras, y aparecía el resultado de todos sus esfuerzos, un barril nuevo, bien acabado, sin ninguna fisura, y que el obrero podía contemplar.»[17]

---

17. Albert Camus, *Le premier homme*, 1994, p. 246.

El niño también disfruta convirtiéndose en pintor, escultor o joyero. Cuando construye, experimenta con nociones como la inventiva, la proyección, el tiempo, el esfuerzo... y así se construye a sí mismo. De ahí el interés de todas las actividades manuales, ya sean guiadas, ya sean autónomas. También se trata tanto de animarlo a jugar con el Lego como de acompañarlo a descubrir la formación de la materia en el taller del artesano del barrio, figura que parecía haber desaparecido pero que vuelve a estar vigente.

No hay nada más fácil que coger a nuestros hijos por la mano y sorprenderlos llevándolos al taller de un *luthier* que realiza un violín, o hacerles oler el extraordinario abanico de olores presente en una chocolatería o admirar la creación de un libro en una imprenta. De esta forma entienden cómo la madera se convierte en un instrumento de música; el cacao, en una tableta de chocolate, y el papel, en un libro.

No es casualidad que el producto del trabajo artesanal conserve un valor noble que aumenta de forma espectacular con el tiempo, porque el esfuerzo manual deja en el objeto creado una huella inestimable: la del valioso vínculo entre la imaginación del creador y el tiempo y el esfuerzo que ha invertido. Y, según su estado de ánimo, esta huella será distinta de un objeto a otro y garantizará la singularidad de cada una de sus producciones.

El artesano se convierte en un intermediario entre lo real y lo imaginario. Las manos activas liberan la mente e

134

imprimen un cierto ritmo de vida y de pensamiento sostenido por la actividad del cuerpo; además, respetando la naturaleza, que utiliza con parsimonia, el artesano ha sido un ecologista adelantado a su tiempo. Pero también es la garantía de la diversidad allí donde la producción industrial impone el reino de lo idéntico y de lo homogéneo. Es indudable que el estatus del objeto artesanal, que perdura y aumenta de valor con el tiempo, es distinto al del objeto industrial que termina en el desguace.

Ante todo, el placer que obtiene el artesano con su obra es lo que confiere nobleza a lo que produce; es un placer siempre renovado que comparte con nosotros: «La materia suave y agradable de un recipiente no sólo indica que el artesano lo ha cuidado, sino también que la persona que lo utilice debe cuidarse a sí misma», reza un proverbio chino. Así como el artesano asume conservar intacto un conocimiento en que se inscriben las raíces del genio humano, su actividad tiene derecho a ser respetada de la misma manera que las actividades meramente mentales. El hecho de haber permitido que se desvalorizara entre nuestros contemporáneos este valioso capital humano responde a una indiferencia culpable, que a la artesanía le cuesta superar. ¿Acaso el artesano no es un *resistente* que defiende con su trabajo el último espacio de libertad que escapa todavía de la invasión tentacular del poder industrial?

Además, contrariamente a la enseñanza teórica, donde la importancia del grupo hace difícil la existencia de una relación privilegiada entre el profesor y el alumno, el artesano, por su parte, puede introducir una dimensión afectiva en lo que enseña cuando intenta inculcar a su aprendiz el apego al oficio. Este tipo de relación, que define la cooperación entre maestro y aprendiz, es ejemplar en la medida en que las nociones de respeto hacia el otro y de confianza recíproca instauran un clima propicio para el aprendizaje.

En algunos países, como Alemania, antes de acceder a los cursos profesionales teóricos, todo alumno debe haber llevado a cabo al menos un año de prácticas para iniciarse en el terreno en el futuro oficio que ha elegido. Esta experiencia, que le pone de repente en situación activa, le permite abordar su futura vida profesional con total conocimiento de causa. Confrontándose con la realidad, aunque esta a veces sea dura, comprueba la validez de su elección. En nuestro país, al contrario, apenas se ha hecho nada para mantener este crisol de una experiencia compartida, que tenía el mérito de revalorizar a cada uno: al artesano, por el reconocimiento de su experiencia singular y creativa, y al alumno, que encontraba, bajo la mirada atenta y benevolente de su maestro, el respeto y la confianza en sí mismo.

La enseñanza abstracta, a pesar de que actualmente ocupa una posición de fuerza, no está al alcance de todo el mundo, lo cual crea unas diferencias sociales crecientes y transforma un enriquecimiento potencial en una desvalorización, que resulta dolorosa para los jóvenes tentados por esta vía; estos, aunque parezcan tener talento para los campos elitistas clásicos, se ven obligados a

136

menudo a renunciar a su vocación. Generalmente, sufren las fastidiosas consecuencias mucho más tarde.

> El Sr. Y. viene a mi consulta por unas dificultades relacionadas con su actividad profesional. Una carrera universitaria brillante lo propulsó a un cargo prestigioso, en el que es responsable de unos importantes estudios que supuestamente deben determinar las opciones a largo plazo de la administración en la que trabaja. En este sentido, el Sr. Y. se da cuenta de que sus conclusiones pocas veces tienen efecto y de que, con una indiferencia total, sus expedientes acaban enterrados en un «montón estratificado de estudios de todo tipo que nunca llegan a nada». Sus trabajos tienen que ver a menudo con una parte de un gran proyecto en el que no tiene ningún poder de decisión. Su actividad pierde progresivamente sentido para él: la supuesta *responsabilidad* que debe asumir le parece irrisoria en la medida en que sus conclusiones nunca se tienen en cuenta. Desconcertado, no sabe qué sentido darle a su trabajo, por el que ha ido perdiendo poco a poco todo el interés, hasta el punto de que su equilibrio psicoafectivo peligra, con efectos negativos en su vida privada.

Su desilusión es total y, durante las sesiones, recuerda cómo se vio obligado, a su pesar, por culpa de sus capacidades intelectuales, a renunciar a su sueño de dedicarse a la ebanistería artística, en beneficio de una carrera en la Administración más valorada y segura.

Si bien hoy sus cargas familiares le impiden dar marcha atrás, el Sr. Y. se niega a verse alienado por una situación que creía haber elegido con total conocimiento de causa, cuando en realidad actuaba bajo la presión sutil de su entorno. A pesar de una difícil coyuntura económica, se

137

plantea dimitir de un cargo, en el que la seguridad de su futuro está garantizada, para intentar una experiencia personal en un ámbito liberal donde los riesgos son importantes pero donde conservará una total libertad para llevar a cabo un proyecto personal. El Sr. Y. confiesa con simplicidad «envidiar algunos oficios manuales en que la gente disfruta del producto de sus esfuerzos, que se ven materializados», mientras que su inversión profesional se encuentra «diluida en un conjunto, ciertamente prestigioso, pero al fin y al cabo poco gratificante desde un punto de vista personal, al ser difícil de materializar, y en ocasiones incluso irrisorio e inútil».

Para el artesano, la complementariedad entre el trabajo de elaboración y su realización crea un equilibrio allí donde la inteligencia de la mano no queda excluida a costa de la del espíritu: ambas se alimentan mutuamente y se completan.

Lo que he aprendido, y el profundo respeto que me inspiran los artesanos, me viene sin duda de lo que me enseñó el ejemplo de mi padre, es decir, el amor por las obras bien hechas y llevadas a término gracias a un esfuerzo básicamente sostenido por el placer de hacerlas. Lo que más le gustaba era la independencia que le proporcionaba su trabajo, pero también la concepción del proyecto y su realización, que le aportaban una emoción siempre renovada. Reflexionando constantemente, trascendía esta cualificación peyorativa de *oficio manual* por un caudal de ideas que contrastaba para elegir la que más le convenía. Cada uno de sus gestos había sido pensado antes de ser ejecutado, y los efectuaba sin cálculos abstractos complejos, de manera que los diferentes momentos de su trabajo se articulaban unos con otros con una precisión sorprendente. Una gran intuición le permitía anticipar y proyectarse en la etapa siguiente con una simplicidad en que todo se volvía nítido. Sabía demostrar su creatividad, es decir, concebir y producir una obra. Esto supone ante todo que «ni el producto, el instrumento o la propia operación pueden estar disociados de la relación personal en la que se producen». La obra se define entonces como «algo distinto a un trabajo».

Existe una finalidad en la producción del artesano y en la del artista, que no pueden escapar de la necesidad de expresar algo singular en un lenguaje original que define su personalidad.

Imaginar otra educación

El artesano y, por extensión, el artista recurren a su sentido de la creación, y en esto es en lo que se les debe apoyar más que nunca. No obstante, en el seno mismo de la enseñanza escolar es donde se originan los primeros fallos con respecto a la creatividad. Todo el mundo reconoce que las disciplinas que requieren dotes artísticas se consideran poco importantes por estar poco valoradas, incluso para los niños que se esfuerzan mucho en ellas. No siempre se enseñan para movilizar la creatividad (recuerdo a una niña que me contaba su decepción porque el profesor de dibujo se sorprendió de que pintara el cielo de rosa y no de azul). Y, de todas formas, no cuentan con la misma consideración que las asignaturas llamadas principales, que proporcionan unos conocimientos que requieren básicamente razonamiento o memoria. Algunos niños, cuya inmensa riqueza reside principalmente en su capacidad de crear, son así llevados arbitrariamente a la consulta del psicoterapeuta para rectificar su incapacidad de encajar en el molde. Demasiadas veces, para mi gusto, he recibido a muchos niños por motivos de este tipo.

Esteban es un niño de ocho años enviado por la escuela porque siempre va retrasado y está «en la luna». Parece que le cuesta adaptarse al ritmo del grupo. A medida que vamos teniendo entrevistas, me doy cuenta de que Esteban tiene una gran capacidad intuitiva, siempre tiene algo que observar y muestra una curiosidad que le lleva a descubrir lo que otros muchos no ven. Si bien todavía no está muy interesado en el plano de la abstracción, lo está de otra forma, en la medida en que acumula una cantidad de información rica y variada de la que sabe hablar con una gran sensibilidad. Sin embargo, al ir casi siempre retrasado, no se arriesga a abrirse a los demás hasta que no tiene confianza.

Durante una entrevista, su madre evoca el interés de Esteban, desde que era muy pequeño, por todo tipo de objetos extraordinarios: un día se fijó en un gran capitel de piedra, vestigio de una colonia griega descubierta en un parque abandonado, y al día siguiente convirtió una hoja de palmera seca, recogida al pie de un

140

árbol, en una cabeza de elefante. Esta facultad de descubrir las cosas más inesperadas le vale el sobrenombre de *pequeño anticuario*.

Siempre sorprendido, nunca cansado, Esteban alimenta con sus descubrimientos una curiosidad constantemente en vilo. Ello no evita que se sienta incomprendido y que experimente un verdadero desasosiego que expresa así: «Soy lento y causo problemas a todo el mundo». Consciente y desengañado, Esteban lucha como puede contra una depresión latente generada por un sentimiento de desvalorización que parece agobiarlo. Intenta, contra viento y marea, proteger un espacio de libertad esencial para él y que expresa desde siempre mediante el dibujo, «desde que sabe coger el lápiz», como dice su madre.

Si Esteban esquiva así el entorno escolar con el que se siente en desfase es para conservar intacta su riqueza interior. Pero es peligroso dejar a un niño que se siente incomprendido atrincherarse en su mundo y aislarse de la realidad. Todos sabemos que, frente a este tipo de comportamiento, el problema de los maestros es sobre todo de tipo material, en la medida en que no pueden permitirse frenar con respecto al grupo. Sin embargo, algunos docentes, aunque estén desbordados, no deben dejar de lado la actitud sintomática de un niño, ni añadir más peso a sus dificultades burlándose o menospreciándolo ante otros alumnos, que quizá sean más eficientes intelectualmente pero posean una imaginación menos fértil. Desgraciadamente, encontramos demasiado a menudo este tipo

141

de reacciones que nos cuentan los niños que son humi-
llados. Basta con valorar sus cualidades originales para
evitar que se conviertan en inadaptados del sistema escolar, y al contrario, permitirles adaptarse al mismo.

Frente a estas situaciones difíciles, el papel de los padres es muy importante, a saber, el de promover esta capacidad del niño de observar, imaginar y crear. Tienen el
deber de animarlo a hacerlo y de tranquilizarlo al respecto de sus cualidades esenciales y valiosas.

Amelia tiene seis años y medio cuando la veo por unos problemas
de comportamiento, y en particular de rechazo escolar. Es una
niña inteligente que accedió a la lectura rápidamente y que, debido a ello, apenas dos meses después del inicio del curso, consciente de sus adquisiciones, rechaza con obstinación ir a la escuela. Cuando acepta ir, es para molestar en clase, en la medida
en que no se interesa por lo que se hace e ignora las órdenes de la
maestra. Las actividades le parecen aburridas, demasiado lentas
para ella, y lo expresa con lucidez.

Amelia parece ser una niña superdotada, con una gran
riqueza imaginativa. Cuando entra en mi despacho, me
sorprende su atavío: lleva en el pelo una barrita de la que
cuelgan múltiples objetos pequeños. A mi pregunta acerca de dónde había encontrado la pluma blanca, la hoja
de otoño, el trozo de lana de angora y el imperdible del
que cuelga el envoltorio de colores de un caramelo, me
responde que esto es lo que hace en los momentos en los
que se aburre. Con todo eso ha hecho una especie de
montaje divertido y emocionante que provoca en todo el

142

mundo una sonrisa de sorpresa. Esta corta observación demuestra hasta qué punto Amelia no tiene realmente dificultades, sino que simplemente está en desfase con un universo demasiado rígido para acoger los objetos de su inventiva siempre despierta.

En lugar de permitirle utilizar una fantasía apta para dinamizar a los más pasivos, se le exige que renuncie a ella para fundirse en el grupo. Sin embargo, basta con reconocer y canalizar sus capacidades creativas para que se integre mejor en la clase.

Con todo, envían a Amelia a observación, en la medida en que cuestiona el propio marco escolar, incapaz de tolerar tal actitud o de responder a las expectativas de estos niños. Así, frente a una situación en la que siente que su imaginación está menospreciada, Amelia decide pasarlo por alto y seguir su camino de la forma más independiente posible, con su alegría de vivir y todo el placer que sabe obtener. De repente, corre el riesgo de aislarse de un universo escolar, fuera del cual, desgraciadamente, no tiene casi ninguna salida posible.

A la apatía de Esteban, garantía de su curiosidad natural, responde la vivacidad insaciable de Amelia y su gran fantasía. Ambos poseen, a mi parecer, una intensa vida interior. Esta riqueza que les caracteriza, desgraciadamente, no suele requerirse en el universo escolar y en lo que este ofrece a los niños. Así pues, deben preservarla a cualquier precio, como puedan, arriesgándose a sentirse personas diferentes y a quedarse al margen de un sistema unánimemente selectivo y culpabilizante.

143

Y, sin embargo, Amelia y Esteban son los representantes de una libertad individual que la sociedad necesita con urgencia, porque ambos son portadores de una creatividad que se organiza en la libre expresión de su curiosidad y de las emociones que suscita, pero también en el placer que obtienen.

Esto es exactamente lo que favorecen las disciplinas artísticas, que desarrollan otros tipos de inteligencia aparte de la académica, es decir, la de la sensibilidad y la del imaginario. Si bien en preescolar se deja un gran espacio a este tipo de actividades, la escuela primaria ratifica demasiado rápido la ruptura brutal con el mundo lúdico y creativo de los niños, uniformizando los modos de expresión y proponiendo a menudo un solo lenguaje para todos: el de la acumulación de conocimientos abstractos.

¿No se deben multiplicar los lugares y medios de expresión integrados en la escuela para ofrecer al niño la oportunidad de realizarse exteriorizando en mayor medida su yo más auténtico? Música, canto, teatro, modelaje, pintura, marionetas y todas las formas de expresión corporal... son posibilidades para que dé libre curso a su originalidad. Una experiencia interesante de este tipo, llevada a cabo desde hace poco en Épinal (Francia), demuestra que es posible.

Pero a veces también se trata de eliminar las inhibiciones susceptibles de frenar al niño en su actividad creadora. ¿Cuántos niños, cuyos padres soñaban que fueran Mozart, se han negado a estudiar música por-

144

que el ideal de perfección proyectado sobre ellos obstaculizaba su *placer* y les impedía al mismo tiempo sentirlo en otros ámbitos?

Apoyando el deseo del niño y la puesta en práctica de aquel, los padres favorecen su desarrollo. Asistir a un espectáculo de teatro o de danza improvisado, escuchar los sonidos indecisos desde el rincón del piano, admirar un dibujo poco hábil, es decir, saber apreciar las producciones del niño son unas motivaciones que es necesario preservar.

No hay nada más simple que pegar en su habitación una hoja de papel grande para que pueda dibujar, en lugar de prohibirle categóricamente que pinte las paredes. Legitimado en su deseo, el niño se siente apoyado en su actividad creadora y, al mismo tiempo, entiende cuáles son los límites que no debe superar.

¿Y qué importa si nunca llega a ser un Cézanne o un Picasso si simplemente es él mismo?

Recuerdo un episodio acerca de un niño de nueve años, Christian, que vivía en un hotel con su padre y sus hermanos, abandonados por su madre. Alumno triste, apagado y mediocre en cuanto a sus resultados, no participaba en las clases; se limitaba a hacer acto de presencia. Hasta el día en que la maestra, que había decidido llevar a la clase a Giverny para visitar la casa de Monet, aceptó la propuesta de un padre de hacer una exposición acerca del impresionismo. Después de haber explicado este movimiento artístico, preguntó a los niños qué pensaban del tema. Algunos alumnos respondieron refirién-

145

dose a los conocimientos que podían tener gracias a un entorno familiar estimulante. Pero cuando el padre empezó a plantearles preguntas acerca la visión de la naturaleza, y del juego de sombras y luces, la mano de Christian se levantó tímidamente. Para sorpresa de toda la clase, evocó con facilidad las sensaciones que había tenido mientras observaba la luz y sus reflejos en el agua. Dejándose llevar por el tema, expuso unas impresiones personales sumamente juiciosas e impregnadas de una gran sensibilidad.

La maestra lo felicitó calurosamente, y por primera vez el niño sonrió. Al final del curso, haciendo gala de una audacia desconocida por todos, se acercó discretamente a aquel padre y le susurró al oído: «Un día seré pintor...».

Esta es la historia verdadera, con tintes de cuento, que me contó la propia maestra. Revela de forma ejemplar cómo, en nuestra cultura, los criterios de enseñanza en clase prestan generalmente poca atención a las sensibilidades originales, que en la mayoría de los niños sólo piden expresarse, sin ofrecer además una oportunidad a los más desfavorecidos.

Precisamente esta revelación, y la autoestima que genera, permitió a este niño proyectarse en el futuro. E independientemente de lo que pase con su proyecto de ser artista, Christian empezó a existir para los demás, pero sobre todo para sí mismo.

Así pues, ¿qué es educar si no ofrecer a cada uno la oportunidad de revelar sus aptitudes originales evitando todo prejuicio? Einstein escribió: «Es más difícil romper un prejuicio que un átomo».

Acerca de la expresión artística

«La utilidad del arte es no tener ninguna utilidad», escribió Ionesco. Actualmente, resulta útil defender lo inútil. «La vocación del arte es decir lo no dicho, para aliviar su carga. Es un grito, un espacio no censurado del deseo, la expresión de un derecho a la diferencia que el hombre pierde poco a poco en todas partes.»

Una educación mediante el arte no tiene como prioridad una mejora de los resultados del alumno sino que más bien propone una alternativa, gracias a otro tipo de escolaridad que revaloriza la vertiente expresiva y artística de la personalidad. Esta innovación, ya probada en algunos países y sometida a análisis, permite un beneficio psicoafectivo considerable pero también una mejor motivación para la escuela en su conjunto, y en el ámbito de los aprendizajes en particular. Se observa entonces una mejora de la concentración y del desarrollo de las competencias intelectuales.

Este tipo de educación suscita una comunicación más auténtica, de la que queda excluida la rivalidad, así como una gran cooperación entre los alumnos, lo cual está bastante lejos de ser el caso en nuestros currículos actuales, donde la competencia es precoz y se fomenta demasiado pronto.

147

Cada uno es portador de una historia cuya singularidad es enriquecedora. Debemos llegar al final de esta singularidad en la tolerancia, en el sentido de que tocar lo más singular es abordar lo universal y supone enriquecerse mutuamente, en la medida en que el acceso a la cultura del otro, su comprensión y la aceptación como distinto a uno mismo fomentan el intercambio en la tolerancia.

Debemos dejar de ver al niño de manera fraccionada, para promoverlo, al contrario, en su globalidad: unión de las disciplinas, evaluación cualitativa en lugar de cuantitativa, integrando las diferentes dimensiones de la realidad de la persona... Estas deben ser en parte las bases de nuestro sistema escolar. La enseñanza actual, fundamentada en el único modelo de la competencia, ganaría mucho si ayudara a los niños a apoyarse mutuamente y a hacer gala de su generosidad, la cual se aprende primero con el vecino.

Si saber contar y razonar es esencial, ¿no es igualmente primordial aprender a percibir a los seres y las cosas con sensibilidad y a adquirir referentes para pensar en el mundo de manera crítica y generosa? La inteligencia escolar no tiene nada que ver con la inteligencia de la vida.

En la búsqueda de un nuevo equilibrio, ¿por qué no imaginar una escuela que combine algunos contrastes, como la emoción y el autocontrol, el sueño y el rigor, el deseo y la realidad? Sería una escuela en marcha contra el empobrecimiento de la sensibilidad y el analfabetismo visual, es decir, la incapacidad de cuestionar el mundo que nos rodea, desde un punto de vista personal y crítico.

Los niños tienen una capacidad natural para maravillarse que debemos preservar desde muy pronto; saben mirar y ver lo que nosotros ya no captamos, y nuestro deber es animarlos y quizá también seguirlos, para tener la oportunidad de recuperar la intuición de nuestra infancia. Einstein dijo: «El hombre que ha perdido la facultad de maravillarse es un hombre muerto». Sueño con una escuela que favorezca este enfoque, pero también las potencialidades de todos, un institución cuyo objetivo prioritario sea desarrollarlas conjuntamente. Sueño con una escuela, y en un sentido más amplio, con una educación basada en la creatividad, con la disposición a sorprenderse, que debe fomentarse en todo niño.

Contrariamente a la uniformización, que, a pesar de una preocupación igualitaria aparente, sigue siendo una verdadera herramienta de exclusión, la creatividad, que por su propia esencia no tiene límites, favorece la singularidad y la realización personal, y fomenta además la diversidad y el enriquecimiento de la sociedad.

«Lo que quizás escape al ojo no lo hará a la mirada, si esta ha forjado su propia herramienta.»[18]

---

18. André Verdet, *Les exercices du regard*, Galilée, 1991.

149

6

Acerca de la ociosidad

El silencio es la forma más elevada del pensamiento...
Dejo realizarse en mí durante mucho tiempo
este lento movimiento hacia lo desconocido,
esta forma superior de conocimiento:
el sueño, la adoración del silencio.
CHRISTIAN BOBIN

El tiempo perdido no se recupera nunca,
siempre vuelve a encontrarse.
Sólo el tiempo perdido inventa y crea.
GUY LAGORCE

Holgazanería e indolencia

En una sociedad en la que el derecho a la indolencia suele estar generalmente desacreditado, los padres se angustian mucho frente a la inacción de sus hijos.

En virtud del proverbio que afirma que «la ociosidad es la madre de todos los vicios», se centran en la idea de que la inacción es una puerta abierta a todos los excesos.

Pero a menudo atribuyen su propio condicionamiento a sus hijos: para ellos, un niño inactivo es un niño que pierde el tiempo; en cuanto deja de moverse, la autoridad parental y su influencia se dejan sentir. De hecho, ¿cómo puede ejercerse un control sobre una actividad exclusivamente mental?

La capacidad de aburrirse

La capacidad de soportar el aburrimiento es una señal indiscutible de buena salud mental. El aburrimiento es, de hecho, una actividad formadora necesaria en la vida de un niño. Este tiempo en el que no hace nada y se enfrenta a la soledad le permite dejar de esquivar sus emociones y, por el contrario, facilitar que se desplieguen en su espacio interior. También puede descubrir progresivamente su capacidad de encontrar en sí mismo los recursos necesarios para inventar historias, que pondrá en escena más tarde en sus juegos. Al poder explorar el vasto campo de sus fantasías, se verá más valorizado gracias a sí mismo, y esto reforzará su confianza en sus recursos personales.

Además, si aprende a estar en silencio, a oír su respiración y a escuchar lo más secreto de sí mismo, se familiarizará con la *introspección*, experiencia que a todos nos es útil para formular algunas preguntas en ciertos momentos de la vida y proyectarnos en el futuro. Y, paradójicamente, el hecho mismo de estar en situación de aburrirse le ofrece la oportunidad de llenarse de otras cosas distintas de las experiencias sacadas de una participación activa en la agitación exterior.

Ciertamente, el hecho de arrastrarse durante todo el día sin oficio ni beneficio puede ser una señal de depresión oculta que no debe pasarse por alto, sobre todo en los adolescentes. Pero los momentos de aburrimiento entre periodos de actividad intensa permiten, no obstante, tener ratos de relajación y de descanso de las tensiones. Es bueno dotarse de medios para acceder a lo que emana del silencio y participa en la elaboración de un espacio interior.

Es una manera, tanto para el niño como para el adulto, de *entregarse a la contemplación* y a una forma de sosiego difícil de encontrar en la actividad constante. Y, en este sentido, los momentos en los que no hay un programa previsto para el niño le permiten aprender a mirar y a escuchar la vida llena de sensaciones sutiles, muy a menudo inaccesibles de otro modo.

En este estado indefinible, entre vigilia y sueño, es cuando tenemos muchas veces ideas originales, como una especie de evidencias no expresadas hasta entonces y que nos sorprenden. También durante la inactividad las cosas se aclaran, el niño puede encontrar la inventiva necesaria para hacer algo después y orientarse hacia aquello que lo inspira. Escuchar música, sumergirse en la lectura de libros y contemplar sus ilustraciones a menudo muy cuidadas, pero en las que los padres no tienen tiempo de detenerse cuando leen un cuento, no es sinónimo

153

de una esterilidad del pensamiento: son actividades que desarrollan la vida psíquica del niño, que muestran lo que le gusta y elige libremente por placer. El hecho de no responder enseguida, demasiado rápido, a la queja «mamá, me aburro» deja tiempo al niño para que encuentre quizá por sí mismo algo que hacer. Esto introduce de nuevo una parte de espera y de frustración frente a su demanda, y fomenta así su iniciativa y su independencia de pensamiento. Siempre habrá tiempo, si es necesario, de proponer una actividad un poco más tarde.

Se trata de una especie de cura, de una higiene mental que favorece la reflexión y la aparición de una *inventiva para la vida*. En nuestra sociedad, la actividad sostenida en todos los instantes es una verdadera máquina de *descerebrar*. Es como si se tuviera que estar constantemente en movimiento para esquivar las emociones y evitar lo que parece una verdadera neurosis: el miedo al vacío. Así, vemos a adultos que no paran ni un momento en sus ratos de ocio, encadenando actividad deportiva, juego de sociedad, bricolaje, tareas diarias..., como para evitar estar frente a sí mismos.

El aburrimiento no es contradictorio con el placer. Le proporciona al niño un espacio en el que es posible pensar para sentirse vivo y proteger lo más íntimo de sí mismo de las influencias externas del mundo. En este sentido, también es un modo de defensa que permite atrincherarse en el *yo oculto* para sustraerse de la agitación de alrededor, e incluso a veces de las palabras directrices y muy intrusivas de los adultos.

154

¿Quién no ha experimentado nunca, en la infancia, el ruido y la agitación generados por una familia reunida un día de fiesta y que uno transforma en un fondo sonoro que le llega como amortiguado? Si bien a menudo dice aburrirse, no se resiste al placer de fantasear con el ronroneo ambiental, que, lejos de perturbar este segundo estado, lo mece y lo impregna como cuando era un bebé. Es una beneficiosa regresión que le permite hacer provisión de sensaciones difusas y de recuerdos cuya nostalgia conservará para siempre. Así habrá podido experimentar el placer que procura el hecho de *estar solo en presencia de otros*.

¿Quién no ha disfrutado nunca del placer de quedarse un domingo entero en casa, aunque hiciera muy buen tiempo fuera? Así, los niños, aun siendo pequeños, pueden expresar el deseo de no vestirse y de no salir. ¿Y qué decir de la tendencia manifestada por todos los niños de pedir a sus padres que reconozcan las famosas *enfermedades diplomáticas*? El hecho de otorgarles en ocasiones el privilegio de quedarse en casa por una leve fiebre de 37,2 grados crea una complicidad que seguramente les evita poner la barrera de la enfermedad más arriba y somatizar más. Es el caso de una niña de cuatro años que, para conseguir sus fines y convencer a sus padres, les dice con un tono dramático: «Tengo 40 kilos de fiebre, debo quedarme en la cama y ver al médico». ¿Quién no ha conservado un recuerdo nostálgico de esos momentos robados a las obligaciones diarias con la excusa complaciente que hay que sacar a los padres? Este *paréntesis* al

155

que accedemos de vez en cuando nos permite hacer una pausa para cargar energía, antes de volver a las ocupaciones habituales.

Desgraciadamente, según los criterios de eficacia valorados por los adultos, el niño debe utilizar su tiempo *eficazmente*. Así, desde preescolar, al volver a casa, se encuentra con *cuadernos educativos* para completar, una especie de *cuadernos de deberes* antes de tiempo, que los padres compran para su descendencia.

El calendario del niño, como hemos visto, pocas veces incluye momentos para *no hacer nada*, ratos de vacuidad esenciales para aventurarse en el imaginario. Algunos objetarán que las vacaciones ya están previstas para eso, que no hacer nada es el principal objetivo del ocio y que la queja de «mamá, me aburro» es demasiado cargante para unos padres que, exasperados, se apresuran a ponerle fin, aunque sea para terminar proponiendo la televisión.

No satisfechos con imponerles a los niños actividades extraescolares exigentes que se suman a las horas de clase, algunos padres, buscando la eficacia, imponen en las vacaciones un ritmo análogo al del resto del año. Atribuyen a las vacaciones una misión formadora complementaria. Pero estas, obligadas, tienen el efecto de dejar sin aliento a unos niños frustrados por no tener tiempo propio y, de nuevo, obligados a ser competentes.

Para hacerlo bien, necesitan un tiempo para recuperarse de las vacaciones. Conocí a un niño de nueve años, reacio a cualquier proyecto de vacaciones en grupo con

156

tentadoras actividades, que no quería otra cosa que ir a casa de sus abuelos en la montaña. Esta negativa no traducía en él un signo de inhibición social; simplemente, allí era libre de tomarse todo su tiempo para pasar el rato, jugar con los niños del pueblo, hacer cabañas, y no tenía más obligación que los ritmos cotidianos elementales. Sabiamente, sus padres no insistieron. Tenía el privilegio de poder hacerse un tesoro de infancia, una verdadera riqueza para toda la vida, totalmente opuesta a unas vacaciones *rentables*, de las que hablaba más arriba. También contaba con la suerte de tener unos abuelos disponibles que le ofrecían un remanso de paz. En ocasiones, sin embargo, esta oferta de actividades para las vacaciones escolares también está bien, porque los padres —no debemos olvidarlo— a veces no tienen otra posibilidad y deben encontrar una solución. Pero eso es otra historia.

No deja de ser cierto que las vacaciones difícilmente escapan del sello indiscutible de nuestra sociedad: la productividad. Entonces, el derecho a la pereza corresponde para los adultos a una especie de *capitulación* ante sus hijos, que intentan evadir nuevas obligaciones y, sobre todo, los deberes de verano, objeto de todos los conflictos y de todas las negociaciones.

La pereza

En una sociedad industrializada como la nuestra, donde sólo cuenta el trabajo, la pereza no tiene derecho a ser ci-

157

tada porque no produce nada. El trabajo y el ocio se valoran sólo cuando son generadores de beneficio, intelectual, físico u otro. En este sentido, la sobrevaloración del trabajo ejerce un poder sobre todas las actividades modernas, y cualquier placer fuera del circuito productivo queda eliminado, o, en el mejor de los casos, culpabilizado. «Debemos competir con unas máquinas que nos llevan cada vez más lejos, más allá de nuestros límites, como si el individuo se convirtiera también en un artilugio susceptible de marchar según un modelo idéntico: el de la eficacia. Esta eficacia es la que se ha impuesto como modelo absoluto del funcionamiento humano» (Jean Baudrillard). Para seguir siendo competente frente a la rentabilidad de la máquina, el hombre se enfrenta a la necesidad de mantener su cuerpo para que se encuentre en un estado máximo de funcionamiento, pero también de cuidar el intelecto para no verse superado por el progreso de los conocimientos. Con un programa y unos retos como estos, podemos imaginar fácilmente que la holgazanería y la indolencia no están bien vistas en este nuestro universo de los resultados, donde las actividades más banales tienen la obligación de ser útiles o, mejor aún, rentables.

Mientras que en la Grecia antigua el trabajo estaba reservado a los esclavos y en la Edad Media definía el papel de los siervos, actualmente todos nos hemos hecho dependientes de este concepto, sometidos a sus fines y en absoluto liberados como quieren hacernos creer. No obstante, debemos reconocer que sólo resiste una cierta indolencia que se opone todavía a la influencia de una hiperactividad, cuyo estrés y falta de tiempo son los corolarios directos. La pereza relacionada con cierta necesidad de soledad no me parece, por lo tanto, sinónimo de pasividad, sino la expresión misma de la resistencia de algunos a lo que se parece a una hiperagitación. Esta no hace más que aumentar el tiempo sacrificado al trabajo y reduce simultáneamente el que nos concedemos a nosotros mismos.

El trabajo glorificado se ha convertido así en símbolo absoluto de la *felicidad para todos*..., pero ¿de qué felicidad se trata? De la felicidad artificial del consumo, que ha desterrado el encanto de las pequeñas cosas de antaño, cuando el placer nacía de las horas *perdidas* compartidas con los demás, pasadas juntos.

Madre artesanal frente a madre industrial

Pocas son las madres de familia que todavía tienen tiempo para hacer pasteles con sus hijos o para coserles su ropa o la de su osito. Y, sin embargo, son encuentros muy valiosos en una proximidad calurosa donde se arraigarán recuerdos de momentos fugitivos pero privilegiados, con todos los sentidos despiertos. ¿Qué ha sido de nuestras abuelas narradoras de historias, de sueños e ilusiones, de nuestros abuelos manitas? La televisión no puede en ningún caso sustituir todo lo que se comparte con un intercambio afectivo que favorece una puesta en común de

159

las emociones. Desgraciadamente, la tendencia actual no es *hacer con* sino *hacer hacer*.

Con el riesgo de parecer anticuada, yo guardo en la memoria las tardes inolvidables pasadas haciendo vestidos para mis hijas. La elección de la tela iba seguida de la de los diseños para definir el modelo con el que soñaban. Después, subidas en una silla, imaginaban el reflejo que les devolvería el espejo cuando el vestido estuviera terminado. Luego, atacábamos con las tijeras, en medio de una excitación alegre unida al miedo de cortar mal la pieza. El hecho de realizar un vestido juntas significaba crear un objeto único, que nadie más llevaría, suponía darle un valor afectivo que ninguna prenda comprada en una tienda podía igualar. Fueron vestidos que conservaron como las reliquias de un tiempo pasado. A ello se añadían las prendas que hacía para sus ositos y sus muñecas a partir de sus indicaciones. Eran muchos momentos fugitivos y preciosos que favorecían nuestra complicidad y al mismo tiempo se concretaba la utilidad de la elaboración de un proyecto.

Nuestras abuelas y nuestras madres se transmitían de generación en generación esta experiencia, que pronto estará relegada a los museos o accesible por CD-ROM. Hay otra tradición que está perdiéndose: la de aprovechar las cosas varias veces. Antaño, de las camisas del padre se cortaban los vestidos para las niñas; hoy en día todo se tira, por culpa de la maquinaria económica, que necesita alimentarse continuamente. De hecho, no se tiene el mismo aprecio por los objetos, porque es mucho más fácil entrar en una tienda y comprar ropa o pasteles ya elaborados que hacerlos uno mismo.

Sin embargo, las *madres industriales* en que se han convertido las mujeres saldrían ganando si se convirtieran de nuevo, de manera natural, en *madres artesanales*, decidiendo tomarse tiempo para *estar con* en lugar de *hacer con*. Es deseable dar tiempo más que otra cosa, es la condición sine qua non para encontrar el camino de estos momentos de antaño. Para ello, hay que buscar este tiempo o reivindicarlo, lo cual, en el mundo actual, puede resultar muy difícil, pero esto ya es otra cuestión.

Dar nuestro tiempo y estar con ellos

Dar nuestro tiempo es también aportar amor, atención, significa saber reconocer lo que siente el niño y darle el lugar que le corresponde.

Hace mucho tiempo, una madre me contó la historia de su hija pequeña, con la que se encontraba en un autobús en el extranjero. La muñeca Barbie ya tenían mucho éxito entonces, y la niña llevaba una en la mano, su preferida, de la que nunca se separaba. Pero, al bajar del vehículo, se dio cuenta de que a la muñeca le faltaba la cabeza, seguramente se le había caído debajo del asiento. La madre y su hija cogieron rápidamente un taxi para pillar al autobús en la parada siguiente y subir a buscar la cabeza de la muñeca. Esta joven madre, que había leído en la cara de su hija la conmoción que representa-

161

ba el desmembramiento de la muñeca, supo tomar la iniciativa de recuperar la parte que faltaba en el autobús; ello representaba darle importancia a los sentimientos de su hija y reconocerle un valor propio como ser sensible, cuando hubiera sido más fácil decir: «Es imposible pillar el autobús. Te compraré otra». Pero esa era su muñeca; no quería otra y quería conservarla intacta, y su madre así lo percibió. Sin embargo, si los propios padres no saben percibir lo importante, decodificar lo que pasa, ¿cómo podrán los niños ser sensibles a todo lo que se expresa mediante lo que no se dice? Cuando Françoise Dolto escribe que «hay que respetar al sujeto», creo que se trata de esto: la facultad de respetar los dramas propios de los niños y de sus edades, pero también saber *estar con ellos.*

Joel es un niño de cuatro años que me traen sus padres por un problema de comportamiento casi relacionado con el carácter. Desde el nacimiento de su hermano pequeño, tiene diferentes ataques de cólera que dejan desconcertados a sus padres, que no saben cómo calmarlo. Joel rechaza en bloque todo lo que le proponen sus progenitores, incluso se niega a comer, lo cual les contraría mucho. Avanzado para su edad, expresa simplemente su deseo de estar «solo con su mamá» en una actitud regresiva directamente relacionada con el hecho de que su hermano pequeño, recién llegado a la familia, acapara demasiado para su gusto la atención de su madre.

Su padre ha retomado recientemente los estudios de ingeniería forestal y está muy ocupado. Aunque suele estar ausente, se siente del todo concernido por la dificultad de

162

su hijo en encontrar su nuevo lugar en la familia y se muestra dispuesto a ayudarlo dentro de sus posibilidades. Después de varias sesiones a las que Joel asiste de buen grado en compañía de su madre, prevemos volver a vernos en compañía del padre.

Durante esta entrevista, muy intensa, le propongo al padre que utilice sus conocimientos de la madera para construir algo con su hijo: un juguete, por ejemplo, que pueden crear juntos, ello con la idea de un acercamiento que tiene la ventaja de alejar simbólicamente a Joel de su madre y de permitirle simultáneamente identificarse con su padre. Reaccionan con entusiasmo a mi propuesta, y decidimos volver a vernos algunas semanas después.

Vuelvo a verlos a ambos, contentos de la experiencia positiva que están viviendo y que el propio Joel me cuenta: están construyendo juntos la cama de arriba de una litera en la que Joel dormirá pronto, para dejar la de abajo a su hermano pequeño. Es una idea muy ingeniosa del padre para ayudar a Joel a aceptar progresivamente la idea de crecer.

Su padre me cuenta que el niño se esfuerza mucho en este trabajo en común: clava, lija y ajusta los tablones con gran seriedad y sin cansarse. «Ha recuperado un comportamiento normal e incluso empieza a jugar sin agresividad con su hermano pequeño», comenta el padre. De camino a mi consulta, este niño tan vivaz elige e imagina la casa «que se construirá cuando sea mayor».

Vemos cómo el acercamiento de este niño con su padre y el hecho de haberse tomado tiempo para *estar jun-*

tos y *hacer juntos* han permitido resolver la situación dolorosa de un pequeño enfrentado a unos celos y a una rivalidad fraterna susceptibles de provocar un sufrimiento que nunca debe subestimarse.

El hecho de fabricar su próxima cama con su padre le permitió a Joel construirse a sí mismo y renunciar a ser un bebé, para poder proyectarse en el futuro.

Su actividad común equivalía a una terapia mediante el juego, que, además, contenía una prima de placer que sin duda dejará un rastro indeleble en el recuerdo de este niño.

Del lado opuesto a estos dos ejemplos, recuerdo una anécdota que me contó una colega. Tiene que ver con una pareja de comerciantes que fue a su consulta por su hijo de dieciocho meses, que manifestaba un malestar global perceptible en su desarrollo psicomotor, muy deficiente para su edad, y una dificultad a la hora de relacionarse con el mundo exterior. Este niño también sufría insomnio y mostraba los signos de una patología depresiva precoz.

Resulta que el niño permanecía en el piso situado encima de la tienda de sus padres durante todo el día, y estos sólo subían para cambiarlo o darle de comer. A la pregunta acerca de quién se ocupaba del pequeño durante su actividad profesional, explicaron con convicción el sistema elaborado que habían creado, es decir, la colocación de una cámara de vídeo enfocada constantemente hacia él, tanto si estaba en la cama como en una silla. Así, el niño estaba bajo su vigilancia por el vídeo. Con la absoluta tranquilidad que les reportaba un sistema eficaz y «más fiable que una vigilancia humana, no siempre segura», parecían totalmente inconscientes de la privación que infringían a su hijo, la de una comunicación y una afectividad imprescindibles para todo ser humano, en especial al principio de su vida. No es sorprendente que en su universo tan deshumanizado este niño estuviera inmerso en un ambiente generador de unos síntomas graves, expresión de su desamparo y de la alerta que enviaba así a su entorno. Esta historia casi caricaturesca destaca la necesidad imperativa de *estar con* el niño, algo imprescindible para permitirle confiar en el adulto y desarrollar un sentimiento de seguridad interior.

Lo que diferencia a los humanos y desarrolla su singularidad es la forma propia de cada uno de sentir el entorno. Es aquí donde intervienen el entorno social y el modelo cultural. El papel de los allegados consiste en transmitir su singularidad y su cultura en el marco familiar, mediante los intercambios emocionales y con respecto a unos referentes culturales propios del entorno. Permitiendo al niño experimentar su relación con los demás, estando con él, los padres pueden también inducir las nociones de escucha del otro y de tolerancia. Debemos insistir en la responsabilidad esencial que incumbe a las familias y que algunos olvidan, al delegar exclusivamente y demasiado a menudo esta carga en el sistema educativo.

Los maestros, por otro lado, se quejan amargamente de tener que paliar así las carencias familiares y cargar con el papel de padres para con sus alumnos, faltos de atención

165

y de apoyo moral. Durante una reunión en preescolar centrada en el aprendizaje del grafismo y de la escritura, un profesor explicaba así las palabras de una niña: «Esto no puedo hacerlo. Mamá no me lo ha enseñado», mientras que estos mismos docentes tenían que transmitir principios elementales de educación y de vida diaria que eran competencia de la familia. La inversión de papeles crea una confusión perjudicial para los niños, que deben ser los primeros beneficiarios de que cada uno encuentre su especificidad: la transmisión de los conocimientos por parte de los profesores, competentes en ello, y la de los valores efectivos y morales por parte de la familia.

Pero el hecho de estar con el niño supone también poder crear un espacio de atención y de palabra, mediante actividades distendidas que favorezcan la comunicación. La palabra define al hombre; es la unión del espíritu y del cuerpo, el vínculo imprescindible entre lo que somos y lo que hacemos, pero también la articulación entre el pensamiento y el mundo exterior. Un intercambio de palabras auténtico reclama un tiempo que los adultos deben exigirse a sí mismos, porque multiplicando estos espacios de comunicación es como la relación padre-hijo se revelará constructiva.

Acerca de la autonomía precoz

En este sentido, debemos desconfiar más que nunca de la *autonomía precoz*, orgullo de algunos padres que no son conscientes de las carencias que provoca.

166

Es fácil *deshacerse* de los niños que lo aprenden todo demasiado pronto: uno ya sabe ducharse solo con cuatro años, otro se prepara el desayuno «como los mayores», cuando todavía está en preescolar. Pero ¿qué hacemos con el placer que pueden sentir los pequeños de tener una presencia a su lado, cuando están en el baño o en la ducha? ¿No es una ocasión, que no debe desperdiciarse, para encontrarse, hablar, revivir el placer físico del bebé? El hecho de animar a un niño a bañarse solo, cuando los libros dicen que ya no es necesaria una vigilancia en todo momento —a partir de los cuatro o cinco años—, significa perder la oportunidad de un momento privilegiado alrededor del cuerpo en estado de relajación y de bienestar dentro del agua; igual que el hecho de prepararle una tostada para desayunar, de compartir la comida con él o al menos de hacerle compañía tienen un valor afectivo intenso. Porque los cuidados del cuerpo y de la comida conservan de forma universal el privilegio de centrar la afectividad.

Con esto no quiero decir que deba estarse con él en todo momento, sobre todo porque, si queremos dejarle un espacio para la fantasía, tenemos que encontrar un equilibrio entre los momentos donde necesita estar solo y aquellos en los que precisa estar acompañado y hacer cosas con alguien. Si bien todo niño debe adquirir la capacidad de estar solo para aprender a jugar con sus pensamientos, también es deseable que haya alguien susceptible de responderle si lo necesita. El niño lo recordará, y se sentirá en confianza con los adultos y las demás personas en general.

167

Indiscutiblemente, una cierta dependencia es necesaria para acceder progresivamente a la independencia, que, si es demasiado precoz, separa aún más a los niños de los padres, mientras que cierta supeditación nutre la necesidad de seguridad afectiva de los pequeños. El aprendizaje de la realidad no es cosa fácil; los niños sienten la necesidad de sentirse seguros cerca de sus padres. Tanto para aquellos como para los adolescentes, vale la pena recordar el consejo de Donald Winnicott: «Para el bienestar de los adolescentes, para la salud de su inmadurez (estado que sólo dura pocos años), no debe favorecerse su acceso a una falsa madurez transmitiéndoles una responsabilidad que no les corresponde, aunque luchen por obtenerla».[19]

Como hoy en día el trabajo generalizado de las madres provoca necesariamente unas separaciones precoces y prolongadas, que suprimen algunos momentos preciosos, es imperativo encontrar la dimensión de un *tiempo común* porque, más que cualquier otra, la relación padre-hijo exige compartir, aunque este tiempo, que debe inventarse conjuntamente, se ha convertido en nuestra sociedad actual en un bien escaso.

Los adultos y los educadores de hoy son los que, por su adhesión al sistema, condicionan a los adultos de mañana. En este sentido, parece que todos los que tienen la tarea de educar van tomando paulatinamente conciencia de la necesidad de un cambio. Algunas personas, desen-

19. D. W. Winnicott, *Jeu et réalité*, Gallimard, 1971, p. 202.

cantadas de muchos niños, reivindican hoy el derecho de «detenerse un poco para mirar otras cosas y de otro modo». Desean poder vivir el tiempo de otra manera, en la perspectiva de un nuevo equilibrio que tenga en cuenta el ritmo natural y las aspiraciones legítimas del ser humano, consciente de su necesidad de vida interior. Es urgente que su expectativa surta efecto a partir de ahora, si no queremos dejar que nuestros niños se pierdan en esta sociedad, que solamente les ofrece ambiciones exentas de ideales.

La necesidad de un ideal

«El valor de toda sociedad y de todo ser humano se mide según la calidad de sus sueños», escribió Jean Guéhenno. Los adolescentes de hoy sufren esta carencia de ideales que alimenta su imaginario en este periodo fundamental del desarrollo del individuo.

Frente a la crisis de ideales, el individualismo forzado está a punto de convertirse en una especie de culto, último valor seguro en el que los jóvenes deciden todavía implicarse. Así, aparecen movimientos nuevos en los que su yo está en el centro de todas las preocupaciones, mientras que la finalidad de su existencia se reduce a buscar el máximo de placer, incluso en el exceso.

Los adeptos al *tecno, tendencia* que consiste en bailar toda la noche con una música generada electrónicamente, no hacen otra cosa. Estos jóvenes establecen una distinción muy clara entre trabajo y ocio, y compensan con el baile las frustraciones de la vida cotidiana. Animados por un narcisismo forzado, que les lleva a consumir todo lo que les gusta, no tienen casi tiempo de llevar a cabo una acción política ni ninguna otra actividad. «Después de haber tirado por la borda todos los modelos posibles, no pueden identificarse con nada ni con nadie, excepto con ellos mismos, con un deseo desenfrenado de consumirse que seguramente colma una necesidad insatisfecha de fantasía y de evasión».[20] Han renunciado a rebelarse y se limitan a reproducir, no sin cierto cinismo, esta parodia del consumo, culto en el que están inmersos desde la infancia.

En este sentido, nos encontramos frente a una deriva incontrolable de aquellos que no se sienten ni escuchados ni comprendidos, hasta el punto de «carecer cruelmente de sueños en la mirada». ¿Cómo es posible que en nuestros días los jóvenes *sueñen con soñar*? Basta con saber valorar en todo ser humano la parte de sueño que tiene..., esa parte de utopía, todavía capaz de sostener la idea de un mundo diferente y más cercano a sus aspiraciones profundas. Pero después falta que la sociedad les permita expresar sus sueños...

Hace poco, recibí a un adolescente muy deprimido después de un intento de suicidio. Este chico de veinte años se pasaba el día practicando *juegos de rol* de forma muy atrevida, consciente, no obstante, de que su verdadera

---

20. Anne-Marie Ley y Roland Hill, *Tribune de Genève*, 19 de agosto de 1994, p. 2.

libertad seguramente consistía más en mostrarse *auténtico*: «Pero ser uno mismo es muy difícil actualmente. Antes los jóvenes vivían con la esperanza de que su mundo sería mejor que el de sus padres, lo cual ya no es cierto. La juventud de nuestros padres nos parece maravillosa, mientras que la nuestra es la de la exclusión, el sida, el desempleo o las tres cosas a la vez. Se nos pide que encajemos en las etiquetas. Mi libertad pasa por mi facultad de crear, y no seré juzgado a partir de esta capacidad porque no es lo que me piden. Nuestra postura es insostenible porque la libertad de expresión ya no es posible, ni en el amor ni en el trabajo», me decía.

La afirmación lúcida y sin concesiones de este chico expresaba, sin duda y de forma patética, la opinión de sus semejantes, como los enganchados a los juegos de rol que han llegado incluso a sacrificar su vida para romper con un universo que no les ofrecía la oportunidad de probar el sabor del riesgo y de las hazañas, propio de la adolescencia.

En una adolescencia que se parece más a una vía muerta que a un periodo de formación, los jóvenes de hoy ya no pueden conformarse con ser «clientes más o menos pasivos de los sectores económicos y escolares». Reivindican el derecho de «volver a ser actores sociales de pleno derecho».[21]

Afortunadamente, todavía quedan muchos jóvenes que se pasan las tardes reconstruyendo el mundo y que,

21. Michel Fize, *Le peuple adolescent*, Fayard, 1994.

aunque estén desencantados con la política de sus mayores, se plantean aún verdaderas preguntas sobre el sentido de la vida. El retorno a la filosofía demuestra esta preocupación, así como el deseo de estar presente en la escena de la acción humanitaria.

¿Los que todavía creen tener sueños anclados en la realidad no serán aquellos niños a los que, de pequeños, se les permitió soñar? Y, al contrario, ¿arrancándoles demasiado pronto de los sueños de la infancia, cuyas riquezas no han tenido tiempo de agotar, no estaremos fabricando adolescentes desesperados que se lanzan, en el mejor de los casos, a la carrera del éxito profesional y, en el peor, a la búsqueda de paraísos artificiales o a la violencia, que a veces se vuelve en su contra?

Conclusión

Vuestros hijos no son vuestros hijos.
Son los hijos y las hijas de la propia
llamada de la Vida a ella misma.
Vienen a través vuestro
pero no de vosotros.
Y aunque estén con vosotros,
no os pertenecen.
Podéis darles vuestro amor
pero no vuestros pensamientos,
porque tienen sus propios pensamientos.
Podéis acoger sus cuerpos
pero no sus almas,
porque sus almas habitan en la casa de mañana,
que vosotros no podéis visitar,
ni siquiera en vuestros sueños.
Podéis esforzaros por ser como ellos,
pero no intentéis hacerles como vosotros,
porque la vida no recula ni se detiene en el ayer.

KHALIL GIBRAN, *El profeta*

Como he dicho desde el principio, de ningún modo intento proponer en este libro una receta determinada; el mundo actual ya ofrece demasiadas, y desconfío de su desastroso efecto amplificador.

Sugiramos a los padres que escuchen más a sus hijos y tendremos mañana unos adultos con trompetillas en lugar de orejas. Digámosles que despierten la mirada de su progenitura y tendremos a niños con antorchas en lugar de ojos.

Con un fin preventivo, importante en nuestra profesión, he querido simplemente sensibilizar al lector acerca de los avatares generados por todas las nociones de adquisiciones abstractas, de autonomía precoz, de competencia, y ello en detrimento de las veleidades creativas que existen en todo ser humano en una expresión personal que se revela a su ritmo, creatividad en la que se originan tanto los descubrimientos científicos como las múltiples expresiones del arte, dos registros complementarios del genio humano.

Hemos visto la parte importante que proyectan los padres sobre sus hijos al estar inmersos en sus propias vivencias. Porque si bien todos, en un grado o en otro, estamos indefectiblemente determinados por la historia que heredamos cuando nacemos, a ello se añade la influencia que ejerce la sociedad y sus intereses, hoy en día principalmente de carácter económico. El niño debe desprenderse de todo esto.

El mundo de la infancia es naturalmente portador de sueños y de un imaginario. Tenemos que dejarles a nuestros hijos tiempo libre para que los exploren, lo cual les permitirá encontrar mañana la fuerza de afrontar libremente la realidad.

Así podrán adquirir la energía de la rebelión y, con ella, el poder de decir *no* para imponer a los adultos cegados que hay otras opciones de vida que escapan a los criterios de *evaluación*, de *selección* y de *exclusión*, factores determinantes de nuestra sociedad y ya presentes en la escuela.

Gauguin escribió en una carta: «Soy fuerte porque los demás nunca me hacen cambiar de dirección y porque hago lo que está en mí».

La sociedad actual está cada vez más «exfoliada» y en ella conviven, sin demasiada interacción, los mundos interiores sofocados de cada uno de nosotros, aspirando a expresarse espontáneamente en la diversidad, y un mundo exterior hecho de dureza y de rentabilidad, que uniformiza a los menos adaptables al mismo tiempo que los elimina.

Esta oposición, para los más sensibles, es generadora de manifestaciones de tipo depresivo, a veces difíciles de superar de otro modo que con una ayuda psicoterapéutica, lo cual representa un mal menor comparado con la banalización de la automedicación de ansiolíticos y otras *pastillas de la felicidad*, cuyo récord de consumo ostenta Francia.

El imaginario ofrece un campo de exploración ilimitado indisociable de la curiosidad. Así, un niño curioso es un niño salvado, porque posee la garantía de poder observar, adaptarse e inventar.

El imaginario constituye también una *dinámica* de la que el individuo puede sacar a lo largo de su vida la

175

energía necesaria para conservar su independencia de espíritu y seguir su camino. Para algunos, encerrados o encarcelados, ha sido su última y única posesión: una libertad inalienable en la que han encontrado la fuerza para sobrevivir.

Al comunicarnos: «Dejadnos tiempo para soñar», nuestros hijos no quieren eliminar cualquier forma de actividad, porque están ávidos de descubrir, de comprender y de actuar; simplemente nos sugieren: «Papá, mamá, dejadnos tiempo para tomar la medida de nuestros deseos, para encontrar los medios de llevarlos a cabo y sentirnos realizados». Tanto es así que lo peor es no poder expresar lo que tenemos dentro.

Este deseo legítimo es posible gracias a la creatividad potencial que está latente en nosotros, porque, como escribió Winnicott, «sólo siendo creativo el individuo descubre su yo».[22]

Evitemos que nuestros hijos se conviertan en adultos exangües que, condicionados, sobrecargados y esterilizados por los perjuicios de la competencia, no dispongan de los medios de recuperar fuerzas para repoblar su desierto interior, ni de luchar contra la angustia que los oprime.

Para no convertirnos en progenitores de una sociedad de clones, uniformizados por definición, donde las máquinas y las mercancías reinarían como dueños absolu-

---

22. D. W. Winnicott, *op. cit.*, pág. 76.

tos, demos paso al imaginario, dejemos tiempo a nuestros hijos para soñar y nacer en sí mismos.

La espiritualidad de la que carecemos de forma tan cruel representa, sin ningún género de duda, el antídoto para esta temible intoxicación que representan el consumo y su corolario, un materialismo desmedido hasta lo absurdo.

¿No era André Malraux quien pedía un *nuevo encantamiento del mundo...?*

Bibliografía

ALLARD, Claude, *L'enfant machine*, Balland, 1986.

— *Le corps de l'enfant de l'imaginaire au réel*, Balland, 1989.

ANZIEU, Didier, *Le corps à l'oeuvre*, Gallimard, 1981.

AUBIN, Henri, *Art et magie chez l'enfant*, Privat, 1971.

BAUDRILLARD, Jean, *La sociedad de consumo: sus mitos, sus estructuras*, Plaza & Janés Editores, 1974.

— *El espejo de la producción*, Gedisa, 1980.

— *Les pouvoirs de l'image*, Dunod, 1994.

— *El crimen perfecto*, Anagrama, 2000.

BETTELHEIM, Bruno, *Pour ou contre Summerhill*, Payot, 1973.

— *Psicoanálisis de los cuentos de hadas*, Crítica, 1997.

BOBIN, Christian, *Le huitième jour de la semaine*, Lettres vives, 1986.

— *L'épuisement*, Éd. Le Temps qu'il Fait, 1994.

CAMUS, Albert, *El primer hombre*, Círculo de Lectores, 1997.

CHANGEUX, Jean-Pierre, *Razón y placer*, Tusquets Editores, 1997.

CHATEL, Marie-Magdeleine, *Malaise dans la procréation*, Albin Michel, 1993.

CLERO, Claude, y Robert GÉOTON, *L'activité créatrice chez l'enfant*, Orientations, 1971.

DOLTO, Françoise, *La dificultad de vivir*, Gedisa, 1982.
— *Tout est langage*, Carrère, 1987.
— *L'échec scolaire, essais sur l'éducation*, Presses Pocket, 1989.
— *La causa de los niños*, Paidós Ibérica, 1994.
FIZE, Michel, *Le peuple adolescent*, Fayard, 1994.
FREUD, Sigmund, *Résultats, idées, problèmes*, tomo I, PUF, 1988.
— *Introducción al psicoanálisis*, Alianza Editorial, 2005.
— *Ma vie et la psychanalyse*, Payot.
— *La vie sexuelle*, PUF.
ILLICH, Ivan, *La sociedad desescolarizada*, Barral Editores, 1978.
KOFMAN, Sarah, *L'enfance de l'art*, Payot, 1970.
LURÇAT, Liliane, *Le jeune enfant devant les apparences télévisuelles*, Desclée de Brouwer, 1994.
— *Le temps prisonnier, des enfances volées par la télévision*, Desclée de Brouwer, 1995.
MAUCO, Georges, *Psychanalyse et éducation*, Flammarion, 1993.
OBRA COLECTIVA, *La sublimation, les sentiers de la création*, Tchou, 1979.
RILKE, Rainer-Maria, *Cartas a un joven poeta*, Alianza Editorial, 2006.
SARTRE, Jean-Paul, *La imaginación*, Edhasa, 1980.
VERDET, André, *Les exercices du regard*, Galilée, 1991.
WEIL, Pascale, *À quoi servent les années 90?*, Seuil, 1993.
WINNICOTT, Donald W., *Realidad y juego*, Gedisa, 1982.
— *La nature humaine*, Gallimard, 1988.
— *Escritos de pediatría y psicoanálisis*, Paidós Ibérica, 2002.

Éducateur, «Pédagogie et éducation», julio de 1992.

Esquisse Psychanalytique, «L'enfant et la psychanalyse», CFRP, 1993.

Le Journal des Psychologues, diciembre de 1994-enero 1995.

Topique, «Pouvoirs de l'image», n.º 53, Dunod, 1994.

En la misma colección
(Cuestiones de padres)

¡Padres, atreveos a decir «No»!
Dr. Patrick DELAROCHE

¿Psicólogo o no psicólogo?
Dr. Patrick DELAROCHE

Separémonos... pero protejamos a nuestros hijos
Stéphane CLERGET

Atreverse a ser madre en el hogar
Marie-Pascale DELPLANCQ-NOBÉCOURT

Sectas y gurús
Dominique BITON

Nunca escucha
Jean-Luc AUBERT

www.ingramcontent.com/pod-product-compliance
Lightning Source LLC
Chambersburg PA
CBHW062105080426
42734CB00012B/2759